新加坡與中國新移民

東亞焦點叢書

新加坡與中國新移民

融入的境遇

游俊豪

香港城市大學出版社
City University of Hong Kong Press

圖片提供

封面、頁4、5、7、9、16、18、21、30、35、37、64、
84、封底（Getty Images）；頁46（Wikimedia Commons）；
其他由作者提供。

國際統一書號：978-962-937-612-3

出版

香港城市大學出版社
香港九龍達之路
香港城市大學
網址：www.cityu.edu.hk/upress
電郵：upress@cityu.edu.hk

**New Chinese Migrants in Singapore:
A Question of Citizenship**
(in traditional Chinese characters)

First published 2021
Second printing 2022

ISBN: 978-962-937-612-3

Published by

City University of Hong Kong Press
Tat Chee Avenue
Kowloon, Hong Kong
Website: www.cityu.edu.hk/upress
E-mail: upress@cityu.edu.hk

Printed in Hong Kong

目錄

總序

都說 21 世紀是「亞洲世紀」：300 年前，亞洲佔全球本地生產總值的比例接近 60%，今天這比例是 30% 左右，但一些預測相信到本世紀中，這比例會回復到 50%。是的，亞洲很重要，*National Geographic* 的調查卻透露美國大學生當中超過七成人不知道全球最大的商品和服務出口國其實是美國而不是中國；美國有國際條約責任，當日本受到襲擊時需予以保護，知道的美國大學生不足三成。

不要誤會，這裏不是在玩國際冷知識大比拼，國際知識和國際視野也不是同一回事，至少大家不會反對，藉着國際知識冀在升學求職方面「提升競爭力」，總不能算是一種國際視野。當亞洲重新為世界的發展發動重大力量的當下，挑戰和困難隨之而來，我們有什麼選擇、限制、可能性和責任？有多少可以參與、實踐、建構或改變的空間？邁前也好，躊躇也好，甚至歸去也好，態度、觀念、生活方式、情感以何為據？深情冷眼要洞見的視野，應該有歷史的維度、跨學科的視角、人文的關懷、全球在地的胸襟。這一切，靠誰？

一個以亞太區戰略性國際菁英為對象的意見調查透露，雖然大部分受訪者都預期未來十年最重要的經濟夥伴是中國，但東亞地區最大的和平和穩定力量依然是美國。然而，要建立一個東亞社區，有什麼重大議程應該大力推動？地區內 11 個強國和社會當中，美國幾乎是最不關心人權、自由和開放選舉的，

而且這種疑惑似乎是年復一年地惡化；關於未來的挑戰：泰國和新加坡最關心的地區金融危機、印尼最關心的人道需要（例如食水、糧食、教育）、台灣最關心的領土和歷史爭議、日本最關心的自然災難、南韓最關心的核擴散危機⋯⋯等等，全部都沒有被美國菁英選入中度關注之列。

今天，大家都知道要警惕西方中心的不可靠。根本的問題如「東亞」應該如何定義，誠如韓裔國際研究名家 Samuel S. Kim 所論，過去將之圈定為中國、日本和韓國，是美國人所謂「儒家文化圈」的偏見使然，也因為他們不樂意看見一個協同增效力量更大的「東亞」。然而，面對未來發展或者變化的難題與機遇，將中、日、韓加上東南亞諸國去建構的東亞論述，不是能夠更有效地看清楚如何防微杜漸，繼往開來嗎？籌備這套叢書的過程之中，其實就是滿懷「逆思考」去撫心自省：西方中心主義不可靠，那麼我們自己可靠嗎？我們的能力似乎愈來愈大了，直到有一天，那些期許、挑戰和責任都來到面前，到了要選擇、建構和體驗的時候，我們會立足在什麼視野的裏裏外外？

因應獨特的歷史和地緣條件，「世界的香港」和「亞洲的香港」在國際交流和東亞身份的營造過程當中所能夠發揮的作用，過去是非同小可，未來也大有可為。年前有調查研究發現，香港人對「亞洲人」這身份的認同感之高，甚至跟認同「香港人」身份相若。另一個以教育工作者為訪談對象的比較研究顯示，其他國際城市的老師認為要提升學生的國際知識，因為相信這些知識有助年輕人在升學求職方面「提升競爭力」，但香港老師的信念是，年輕人本來就應該對多元文化價值的了解和欣賞，多作耕耘。香港城市大學出版社獨具慧眼和胸襟，沒有錯過香港這份人文天賦，推動出版這套「東亞焦點叢書」，以小型的裝幀和聚焦的主題去配合今天讀者的閱讀喜好，以國際化和跨學科的寫作團隊去建構開放和全球在地的東亞論述，為培養香港以至華文世界讀者的東亞視野，以長流細水灌之漑之。

羅金義
香港教育大學大中華研究中心

序一

　　我校中文系主任游俊豪教授也兼任華裔館館長，與我在歷史悠久的標誌性機構南洋理工大學華裔館共事多年。游館長來自馬來西亞，和新加坡有共同的族群歷史。新加坡與馬來西亞華人在殖民地時代是一個大族群，其中基本以中國祖居地和方言的分歧形成大族群中的小族群。殖民地當局主要認可華印巫三個大族群，新馬獨立後政府也基本延續此做法。

　　由於生育率偏低，近二十多年來新加坡接受了不少移民，其中來自中國大陸的佔了大多數。殖民地時代的族群區分時至今日已經太籠統粗糙。官方把華裔歸納於單一的一個華族群體並不能有效地制定政策。游館長這本著作深入地研究新加坡的華人群體架構，勢將成為研究全球華人的學者必須參考的書籍。

　　新加坡是一個獨一無二的國家。新加坡的多元種族多元宗教多元文化的治理模式也是全球絕無僅有的創新模式。今日新加坡的趨勢是華巫印三大種族在本土文化的熏陶下逐漸融合，而同一種族不同背景的族群分化反而浮上水面形成為亟需解決的問題。本土人和外來人口的摩擦不限於華裔族群；在印裔族群也存在而且更加激烈。游館長這部著作為學者與政治家提供了很好的參考價值。

　　展望未來，新加坡作為一個以華人為主，獨立於中國又與中國友好的獨特國家應該不會改變。新加坡在中國與世界接軌方面有其存在價值。南洋理工大學華裔館加大力度研究華人與所在地和中國本土的錯綜複雜關係，在此中美大博弈之際可以做出巨大貢獻。這些問題錯綜複雜同時必須以跨學科方式研究，對中外學者都有莫大的吸引力。

南洋理工大學前身南洋大學是在另一個動蕩的國際局勢時南洋華人做出的教育創舉。事過境遷，今日的華裔館座落於南洋大學當時的行政樓。華裔館的華人族群研究如果能推動海外華人為中美關係的發展做出貢獻，應該是當年創立南洋大學的華人先賢意想不到，同時也會感到欣慰的吧！

我衷心的祝願新書發行圓滿成功！

徐冠林
新加坡南洋理工大學終身榮譽校長、原校長2003–2011
華裔館主席

序二

南洋理工大學的前身為東南亞華僑華人合力創辦的南洋大學，其華裔館、中文系、中華語言文化中心使這所國際化的國立大學仍延綿着其創始的初心，甚至成為老華僑華人眼中的文化象徵。游俊豪教授身兼三任，同時執掌這三大國際學界重鎮，卻依然學術成果豐碩。《新加坡與中國新移民：融入的境遇》一書就是其最新成果。有幸先睹為快，感佩有加。

俊豪教授出生於馬來西亞，成長於新馬，溫文爾雅，性情敦厚而才華橫溢，其中華傳統文化的士人情懷；同時其熏染的西方文化與馬來文化，又自然散發出多元文化與國際的氣質。

文如其人。本書的視角不同於西洋學者，也不同於中國學者，俊豪教授以一個南洋華裔學者的身份研究中國新移民，並由此出發探討移民理論。作為中國大陸學者，受益良多。

一

本書立意高遠，其緒論開宗明義，要探尋新加坡「本土語境如何因應全球化的衝擊與影響，國家體制如何規劃移民的流向與存在，歷史話語如何反映身份認同的轉變。」因為中國新移民1990年後驟增，在新加坡緊湊的空間和結構裏，衝擊的力度讓在地社會感受特別強烈。作者從身邊的鮮活故事和案例去昇華移民理論，並尋求現實問題的解決之道。

置入作者的學術體系之中，更能完整地理解作者的解釋框架，從歷史脈絡和華人族群中更好地把握中國新移民的特點。2014年作者出版了《移民軌迹和離散敍述：新馬華人族群的重層脈絡》，好評如潮。[1] 兩部著作相輔相承，分合自如，相得益彰。

全書結構簡單明快，層次清晰而生動，邏輯嚴密，渾然一體。

第一個層面是身份與族群。將中國新移民置於新加坡華人移民歷史脈絡之中述其淵源流變，從文化互動的過程中究其身份認同與族群特徵。無論是新移民作為族群的生活習慣，或者新移民作為個體的行為作風，主流社會對此時有成見，甚至不無刻板印象。這需要主流社會與中國新移民協力合作才能消彌，以促進融合。

第二個層面是結構與組織。一方面探討中國新移民與主流社會和國家的關聯，既包括移民在各層面的融入，也包括國家在各族群中的資源配置。多元化的新移民體現了分層融入的進程，分為向上、平行、向下三種主要路綫，分佈在當地社會的各個階層。另一方面探討新移民群體內部的組織特徵。在貼近在地脈絡方面，新移民團體積極跟主流社會團體合作，主動舉行慈善活動，致力於跨文化跨族群的互動。在建構跨國主義方面，新移民面對史上全新的中國，一個崛起的富強的中國，面對全球化不斷深化的新加坡，自然就會努力推動新加坡與中國的經貿關係，文化交流也更為豐富。新移民社團，不但促進會

---

1. 游俊豪：《移民軌迹和離散敍述：新馬華人族群的重層脈絡》，上海：三聯書店，2014年。王賡武教授序。曾玲教授書評：〈一部研究藏起來華人的力作〉，載《華僑華人歷史研究》2014年第4期。

員之間的情誼，而且為在地華社注入新的活力，並跨出族群的邊界，進行更廣泛的交流。

第三個層面是群體案例：學生、陪讀媽媽、作家。這三個群體各自體現出相關聯的移民生活次序，學生反映過渡，陪讀媽媽反映掙扎，作家反映主體性質的多元，也反映移民融入的不同路徑與層面。作者從這三個熟悉的群體，信手拈來，娓娓道來，在人類學的感性體驗與追蹤調研基礎上，又有嚴謹的問卷調查和科學論證。人們通常熟視無睹，對久處身邊的人與物，反而缺乏感覺；在俊豪的筆下，卻能細膩感知新移民在新加坡的分層融入，又能在其整體框架下獲得學養提升。

俊豪教授亦是知名作家，其文字平實幹練，又能行雲流水般揭示深遂的內涵。當然，對中國讀者而言，大陸與海外存在語言表達習慣的一些差異，不過，幾乎沒有閱讀障礙，反而體現了語言表達的多樣性。

二

新加坡是我進行學術交流與調研次數最多的國家之一，不下十次。我有幸接觸過本書論及的新加坡清華校友會、天府會、華源會等新移民社團，新加坡中華總商會、宗鄉總會、義安公司、同濟醫院等傳統社團；我們也到訪過不少南洋頂級富豪的新加坡豪宅。拜讀俊豪教授新著，引發共鳴，受其啟發，從比較視野與中國視角談一點兒研究體會。

對於中國新移民，除了在新加坡與東南亞各國有所接觸之外，我在美國、加拿大進行過多次深度調研，也實地考察過英國、意大利、德國、比利時、日本、韓國甚至南非的移民、僑商及其社團。[2] 相比較而言，新加坡的中國新移民獨具特色。就新移民的生存與發展而言，新加坡有某些有利之處，但其不利因素更多更普遍，因為創業與就業的空間有限。從這一視角出發，移民的生存發展特別是其經濟成長，取決於如下因素：差異性、規模化、中介性、民間性或市場化。

其一，差異性或邊緣性，是指移民的獨特性與主流社會存在較大差異或落差。一方面移民遷徙至異國他鄉，具有不可替代性，能够在當地經濟與社會中填補空白；另一方面，相對於主流社會來說移民，是一種邊緣化的存在，但又具有頑强的生命力。在美國，華人在邊緣與前沿中成長。[3] 邊緣成長的代表是偷渡客，[4] 他們在美國人不願意幹的低端就業市場艱辛勞作，站穩腳根，便開始以中餐館、雜貨店等低門檻創業，進而拓展至亞洲超市或族群銀行之類，在經濟縫隙中尋找利基，[5] 以其差異化實現財富創造，並可能逐漸壯大躋身主流。島國新加坡幾乎不可能存在偷渡客，中國新移民在邊緣尋求差異化創業的空間也非常有限。

前沿在某種程度上也是一種邊緣，主要體現在科技產業、金融業等新經濟前沿，美國金融市場發育孵化出中國、印度等移民科技企業。新加坡的中國新移民也有不少活躍於科技領域。[6]

與邊緣相對的是主流或核心，二戰以後的東南亞各國，華人在新興的工業化進程中逐漸舉足輕重，成為民間經濟的主導或中堅，這主要是因為原住民農業族群為華人企業家留下了

2. 龍登高：《跨越市場的障礙：海外華商在國家、制度與文化之間》，科學出版社，2007年。
3. 龍登高：《美國華人經濟：在邊緣與前沿的成長》，台北「中研院」，2005年。
4. 美國的非正規移民數量逾千萬，以致於總統特朗普要在美墨邊境修長城以阻止偷渡。
5. 利基（niche），指針對特定群體的產品與服務，縫隙中存在的市場機會與盈利空間。
6. 劉宏：〈跨國場域下的企業家精神：新加坡與日本的新移民個案分析〉，載龍登高、劉宏：《商脈與商道：國際華商研究文集》，浙江大學出版社，2018年。

工業化的空白，使華商大顯身手而茁壯成長。新加坡亦然，但1990年後新加坡中國新移民面對的是成熟的發達經濟體，行業與市場格局基本定型，不可能重現歷史。

其二，規模化與拓展性。移民經濟與社會只有達到一定規模，或呈網絡化存在，才能形成自生與自我擴張能力，從而形成持續發展的活力。世紀之交美國華人大巴新模式，就起源於紐約、波士頓、費城等地唐人街的人員與貨物流動，進而在競爭中形成城際大巴新業態，並走向主流。[7] 如果沒有1990年代以來新移民的持續湧入，唐人街經濟就不能擴大與擴散，華人大巴新業態就不可能出現，更不可能從邊緣走向主流。族群經濟如果不成規模，或不能形成網絡，則只能星星點點散落各地，難以自我生成活力，可能不久就會自生自滅，更難以形成拓展力。新加坡島國的新移民難以形成規模性發展。

其三，中介、橋梁或跨國化。移民以其連接祖籍國與移居國的優勢，企業家精神得到激發和釋放，中介跨國文化交流與貿易。歐洲、非洲、中東等地的貿易型華商是其典型，依托價廉物美的中國製造打開各地市場。[8] 本書也揭示了新加坡中國新移民的這種角色與作為。

其四，民間性與市場化。這是移民生存和發展的基礎。移民是一種跨國的自發流動與選擇，只可能依賴民間途徑與市場機會，政府安排只存在於極端情形。[9] 如果政府控制強，民間機

---

7. Long Denggao (龍登高) and Han Qiming. The Growth of Chinatown Bus: Beyond Ethnic Enclave Economy in America, *Journal of Cambridge Studies* (2013):1

8. 李明歡：〈新華商與新市場〉，龍登高、劉宏：《商脉與商道：國際華商研究文集》，浙江大學出版社，2018年。

9. 計劃經濟時期的中國政府曾安置過1950–1960年代的印尼、馬來西亞歸僑，1970年代後期的印支歸僑，規模最大的是華僑農場。儘管每年政府投入不扉，但華僑農場始終是一個老大難問題。與此形成對照，同時期這些地區的華僑移居北美、法國、澳洲等地，在市場中自謀生路，基本上都沒有給政府和社會造成負擔。

會少，不利於新移民自謀生路。事實上，從出境到入境，從謀生到發展，世界各地的中國新移民從來沒有得到過中國政府與銀行的支持，也沒有得到移居國政府的額外扶持，相反還要克服各地政府的重重障礙。[10] 二戰前的東南亞殖民地時期，政府控制較弱，殖民經濟開發也需要吸引移民。源源不斷湧入的華僑華人，在經濟發展過程中獲得較大的生存空間，還形成自治性組織。

就移民社團與社區秩序而言，外部壓力越大，族群獨立性越強，自我保護的訴求越強，社團與組織就會越發育。歷史時期，南洋、北美就形成相當強的族群經濟與社區（ethnic economy and society），甚至曾有一些封閉性的社區，華人社團成為自治社會的樞紐與中堅，不少社團還成為新移民生老病死的依托。

事實上，中國移民的自組織能力，在中國具有深厚的傳統。與朝廷對官僚體系的嚴密控制形成鮮明對照，清政府對基層的取向大體是自由放任的，民間社會發育的潛能與空間較大。民間社團豐富多樣，自組織能力較強，基層秩序呈現自治色彩。[11] 二戰前中國移民到達的南洋各殖民地，小政府多族群，殖民政府對華人與馬來人等實行分而治之，更使華僑華人自治能力得到充分釋放。

當今新移民所面臨的外部壓力大大淡化，新加坡尤其如此，移民社團的功能發生轉變，移民社會形態發生深刻變化。

---

10. 龍登高、張應龍、張秀明：《一帶一路華僑華人史話叢書總序》，廣東教育出版社，2018年。

11. 龍登高、王正華、伊巍：〈傳統民間組織的治理結構與法人產權制度：基於清代公共建設與管理的研究〉，《經濟研究》2018年第10期。

無論是歷史的縱向比較，還是地域的橫向比較，與上述共性相對照，新加坡的中國新移民具有其鮮明特徵，除了本書所論之外，以下幾點感觸頗深。

　　首先，新加坡秩序井然，政府就像一個無微不至的保姆，對新移民而言，社會與市場自發成長的空間反而受到一定限制。

　　其次，新加坡經濟發展成熟，行業格局基本定型，國內市場狹小。自生自發的新產品、新服務和新行業難以萌生，破繭而出，新移民經濟的自生能力極為有限。

　　再次，中國新移民與新加坡華人的族群與文化差異，相比華人與其他種群的差異來說畢竟較小，移民進入主流的障礙相對較小，但移民發展容量有限，因此不可能形成美國所出現的依賴移民的不可替代性與市場利基而獲得發展，移民經濟難以開創拓展性空間。

　　此外，在新加坡自成一體的移民經濟形態幾乎不存在，更談不上規模，因而不像美國華人經濟達到相當的規模，具有自我生成與自我擴張能力。

　　本文與其説是一篇序，不如説是拜讀俊豪新作之後的感想、啓發和收穫，與讀者分享。

龍登高

清華大學華商研究中心主任

清華大學社會科學學院教授

緒論

在南洋理工大學，我開設的其中一門課是「HC4060全球化與海外華人」，跟同學們討論本土語境如何因應全球化的衝擊，國家體制如何規劃移民的去留與存在，歷史話語如何反映身份認同的轉變。

我們探索了許多有關全球化與族群的理論，梳理了華人從老華僑到新移民的時代轉變。其中一位同學，少年時候從中國前來新加坡修讀中學，現在是南洋理工大學中文系的在籍本科生。他說：「我是新公民，從新移民轉換過來的，已經成為這裏的公民了。」這引起了許多討論與懸念，圍繞着新公民、新移民、華僑、華人的稱謂，以及他們所牽動的現實意義。

事實上，新加坡與中國在1990年建立邦交後，各種背景與類型的中國新移民抵達新加坡，逐漸成為數量眾多的一個族群，構成不容忽視的現象。與新加坡主流社會的互動當中，新移民的族群標籤通常以「中國」國族來識別，產生諸多刻板印象，但也豎立不少成功典範。

這本論著探討中國新移民的處境與語境，指出移民與在地結構與體制的活動與磨合，不斷在重構社會規範，重組國家資源。

這些年，我啟動了一些有關中國新移民的研究項目。這不僅僅是因為跟我的主要學術領域「華僑華人」擁有密切關係，而是作為一個群體的「新移民」，在新加坡日常生活當中事關重要。在社會關係、經貿網絡、職場結構、學校構成等方面，「新移民」是不容忽視的現象與議題。我採用了歷史學、人類學、文化與文學等多元學科的研究方法，從多種角度觀察中國新移民的情況，以便更好理解他們在新加坡的縱橫面。

為了談論的方便，「新移民」在這本書裏界定為1990年後離開中國、抵達新加坡的群體。他們分佈在新加坡各行各業，身處新加坡社會的各個階層。他們有的持有工作證、就業證、學生證等短期身份，有的成為永久居民，有的轉為新加坡公民。由於原本的文化特徵未曾完全消融，由於跟本地主流社會存在着差異，他們仍然可以歸納在「新移民」這一群體來討論。

當然，新加坡作為移民社會，一直不斷迎接了來自東南亞、東亞、歐美其他國家的新近移民，也各自形成各有特色的群體。由於本書聚焦來自中國的新移民，所以其他來源的移民就不在討論的核心範圍裏。

除了〈緒論〉與〈結論〉，本書主體分為七章。

第一章探討「華人移民脈絡」，梳理新加坡在不同時段迎接的華人移民，在不同時代經歷的移民話語。這些從華商到華工、華僑、華裔、新移民的延異，不僅僅體現於背景與類型，也顯示與身份和意識，有助於觀照新移民的重層境遇，以及他們跟由移民後裔組成的在地社會之間的共性與殊性。

第二章討論中國新移民在新加坡被賦予的「刻板印象」。雖然刻板印象並不科學，不具備全面的代表性，然而族群界綫有時會根據這些印象而進行劃分，並且影響着族群融合的進程。

第三章「新移民與主流公民」，從結構性的角度檢閱中國新移民與主流公民之間的關係，進而確認國家資源如何在族群之間進行重新分配，以便在地社會朝向穩定的規範發展。

　　第四章「組織」，羅列中國新移民在新加坡成立的團體，它們的宗旨與目標，主辦的活動，探討它們跟二戰前傳統華人會館的相同性與差異性，以及跟在地社會與中國的連接。

　　第五章是「留學生」。新移民引起最大的懸念之一，是中國學生完成學業後是否能對新加坡作出貢獻。這一章通過問卷調查與案例分析，探討留學生如何看待他們在新加坡的學習、跟中國的聯繫，以及如何期待未來的發展。

　　第六章探討的「陪讀媽媽」，應該是招惹最多猜疑的一個群體。通過問卷調查與採訪，陪讀媽媽的境遇顯示了融入過程當中碰到的障礙、迷茫、掙扎。

　　第七章進入新移民所書寫的文學作品，從這些反映社會現象與心靈圖像的文本，「作家」如何展示原鄉化、在地化、全球化三種想望，進而反映新移民整個群體的多元的主體性。

1

身份：華人移民的脈絡

在離散與凝聚之間，移民與居民所要思考的方向不盡相同。當居民欲要成為移民的時候，他們會考慮如何拆散原處的資源組合，選擇要搬遷怎樣的資源，如何在新地重組資源，並生產新資源，用諸當地。當移民成為居民之後，他們會開始探討成為新國民、新公民的必要性，思考凝聚各種資源，以便跟原鄉持續某些層面的關聯，與在地社會深化某些領域的關係。

從原鄉離散開來後，在新地凝聚的過程當中，移民會開始產生「我族」與「他者」的認知。族群之間的邊界，不斷在建構、解構、重構，相關的論述與想望在多元社會裏變得複雜。資源的分配與分享，因為有多個族群的參與追求，使得群體之間的關係充滿張力，尤其在主流社會與外來者之間。

當在地空間提供平等的機會，居民會繼續整合進當地秩序裏去，進入所謂「國民」與「公民」的話語當中。當在地語境有所失衡和偏差，居民會考慮再次成為移民，又要在離散與凝聚之間進行另一輪的安排。

這一章圈選和確認對新加坡產生重大影響的數個華人移民類型。在新加坡的歷史上，按照出現的時間順序，重要的華人移民與居民類型是商賈、勞工、政治家、文人、華裔、華人、新移民。[1] 顧名思義，這些移民類型的工作、職業、活動無須贅言。各種類型在人數上沒有構成均衡的比例，但都給新加坡語境造成衝擊，也為華人的身份認同留下烙痕。

---

1. 這裏無可避免地必須回顧王賡武的經典歸類：Wang Gungwu, "Patterns of Chinese Migration in Historical Perspective," in *China and the Chinese Overseas* (Singapore: Times Academic Press, 1992), pp. 3–21. 王賡武將華人移民分為四大類型：(1) 華商，1850年前的華人移民主流，但從來不曾中斷而延續至今；(2) 華工，1850年至1930年的主要類型；(3) 華僑，1900年至1950年的重要類型；(4) 華裔或再移民，1950年後的主要類型。將華商、華工、華僑、華裔或再移民順序討論固然可以準確捕捉移民的時代坐標與歷史意義，但四種類型的可比性值得商榷。對此批評，見Adam McKeown, "Conceptualizing Chinese Diasporas, 1842 to 1949," *Journal of Asian Studies* 58(2) (May 1999):321, footnote 7. 本文嘗試將經典歸類進行重組，並針對新加坡的歷史語境補充其他類型。

1819年新加坡成為英國殖民地後，開始迎來馬來半島與印尼華商前來開發，也有中國勞工越洋謀生。

華商

　　在包括現今新加坡的南洋範圍，早在15世紀開始就迎來中國商賈。這些主要來自福建和廣東兩省的商人，首先織就了海上貿易網絡，隨後延伸形成地面經濟脈絡。大面積活動的中國商賈，在1850年以前一直成為華人移民類型的主流，也擔當各個族群之間中介商的角色。1819年新加坡成為英國殖民地後，迎來了馬來半島與印度尼西亞華商的前來開發，另外也接受了許多中國勞工的越洋謀生。

　　在華人社會的結構裏，華商組成重要的領導層，率領了各類組織，包括商業團體、地緣會館、學校董事部。華商的崇高社會地位，在英國殖民地時代已經如此，在新加坡建國後依然延續，成為政府以外一股對秩序產生穩定作用的力量。

19世紀中旬，大規模的華工浪潮席捲東南亞，華工人數迅速大幅度地超越了華商。圖為1920年新加坡唐人街面貌。

華工

19世紀中旬，廣州、汕頭、廈門等條約港口的設立為中國勞工的移動打開了出口，大規模的華工浪潮席捲東南亞和北美各地。同屬英殖民地的新加坡與馬來亞半島，這時候迎來的華工人數迅速大幅度地超越了華商。一直到1930年左右世界經濟蕭條發生，華工的人數才萎縮。

二戰前的華工的身份認同，與同一時期的華商相似，跟中國維持鄉土籍貫的關係。由於他們的宗族觀念濃厚，在中國的家族成員眾多，所以他們許多人希望能衣錦還鄉，告老回鄉，或者想把骨灰遷回家鄉，體現了「落葉歸根」的思維。

政治家和文人

　　來自中國的政治家和文人，雖然人數上遠遜於華商與華工，但在中國本位意識、中國國族主義的傳播與推動方面，帶來極為深刻的影響。19世紀末和20世紀初，游走南洋各地的中國政治家只是短暫的移民類型，但他們宣揚的變法維新、民主革命等運動思想形塑了華商與華工的華僑情操，也就是熱愛中國的意識。換句話來說，這些散佈南洋的華人移民，許多成為近代中國的國民。

　　1920年代和1930年代，由於國共內戰與日軍侵華，為數不少的中國文人來到馬來亞，在報館與學校裏謀事。他們宣傳中國的政治思想，書寫中國本位的文學作品，中國民族主義得以進一步傳播，共產主義也開始從中國滲透到馬來亞的華人社會當中。

華裔與華人

　　1949年中華人民共和國成立後，英國殖民地禁止中國移民。在從此再也沒有重大規模的華人移入的情況下，新加坡華人人口自然增長，緩慢提高。不少華人選擇移居國外，但絕大多數留在新加坡繁衍子孫，實現了「落地生根」的舉動。這些作為新加坡國民與公民的華人，不得不在國家架構當中尋找自己族群的定位與方向，同時也與其他族群互動。

　　這些移民的後代，可以稱為「華裔」。而在新加坡的官方與媒體的歸類當中，「華人」作為族群詞語更為常用。

　　然而，何謂「族群」必須進一步劃清邊界，才能更具體地檢閱族群間的交涉與互動。晚近，「族群」成為學界與媒體

1949年中華人民共和國成立後，英國殖民地禁止中國移民。
但絕大多數華人留在新加坡繁衍子孫，實現了「落地生根」
的舉動。

的流行語，不同類型的群體在形容詞後都幾乎一律冠上這個名
詞。就以中文文獻來說，「族群」通常當作是英文 "ethnicity"
的直接翻譯，其一般比較獲得認同的含義是「一個不是刻意組
成的群體，群體裏頭的人們擁有同一文化或同一籍貫，他們認
為自己或被他人認為同屬一個群體。」[2]

----

2. 這是Wsevolod Isajiw的界定，中文是我個人的翻譯。其他學者對該詞的詮釋大致相同。見
   Wsevolod Isajiw, *Definitions of Ethnicity* (Occasional Papers in Ethnic and Immigration Studies)
   (Toronto: The Multicultural History Society of Ontario, 1979), p. 25.

在探討移民繁複的語境，「族群」有時必須區別於「種族」（race）與「國族」（nation）。就以參照坐標而言，「族群」是文化性的，「種族」是生理性的，「國族」是國家性的。[3]

隨着新加坡於1969年獨立，新加坡華人的身份認同開始產生深刻的變化。他們逐漸習慣稱自己為「華裔」，以標明是移民的後代，也區別於具有中國本位意識的「華僑」。作為種族來說，他們會接受「華人」這一歸類。由於新加坡的國家意識得以成功建構，新加坡的人民，無論是華人或其他種族，都更加願意視自己為「新加坡人」，這樣一個國族的認同。

新移民

1978年中國開始改革開放，移民潮再度掀起，大面積地蔓延全球。這一波移民有其特殊的歷史坐標，統稱為「新移民」，因為與1949年前發生的數次移民潮和移民類型有着這樣那樣的差異。[4] 新移民抵達東南亞和北美，使得那裏的傳統離散華人圖景變得多元而豐富。[5]

---

3. Michael Banton 認為族群性 (ethnicity)、種族 (race)、國族性 (nationality) 應該放在一起相比對照，才能理清概念並解剖問題。見Michael Banton, "Progress in Ethnic and Racial Studies," *Ethnic and Racial Studies, 24*(2)(2001):185–187. 本文嘗試填進「家族」，以便更加廓清新加坡華人的境遇。

4. Wang Gungwu, "New Migrants: How New? Why New?" in Gregor Benton and Hong Liu (eds.), *Diasporic Chinese Ventures: The Life and Work of Wang Gungwu* (London and New York: RoutledgeCurzon, 2004), pp. 227–238.

5. 有篇美國和新加坡案例的比較研究值得參考：周敏、劉宏：〈海外華人跨國主義實踐的模式及其差異：基於美國與新加坡的比較分析〉，《華僑華人歷史研究》2013年3月第1期，第1–19頁。

新加坡在1949年至1990年之間跟中國疏遠，新加坡華人逐漸跟僑鄉的在地脈絡、中國的國族主義脱鈎，從華僑身份翻轉為新加坡國民。新一代「新加坡人」也在此背景下成長。

可以説，新移民的流動與駐留逐漸解構先前由「華商、華工、政治家、文人、華僑、華裔」所形成的格局。[6] 他們的腳步也遷徙到歐洲和非洲，充實了那裏原本相對稀少的華人社會。新加坡則在1990年跟中國建立邦交後，迅速成為新移民廣闊的覆蓋面上的一個熱點。

新移民的抵達，讓新加坡華人離散脈絡跟中國得以重續，然而跟當地社會存在着差異與區別。由於受到國際冷戰氛圍和區域政治局勢的影響，新加坡在1949年至1990年之間跟中國疏

---

6. Wang Gungwu, "Patterns of Chinese Migration in Historical Perspective," in Wang Gungwu, *China and the Chinese Overseas* (Singapore: Times Academic Press, 1992), pp. 3–21.

遠，停止接受中國大陸移民長達40年。新加坡華人逐漸跟僑鄉的在地脈絡、中國的國族主義脫鈎，從華僑身份翻轉為新加坡國民。[7]

這種身份政治認同的轉變，使得新加坡華人和新移民的劃分以國家為依據，以國族為邊界。儘管他們大多同屬一個種族（即漢族），可以籠統地以離散華人來概述，但他們在日常生活中互相以「新加坡人」、「中國人」認知彼此。

結語

事實上，新移民和舊華僑是有所差別的。舊華僑主要來自廣東、福建兩個省份，新移民來源輻射中國大江南北、沿海內陸各地，生活習慣的起點和方式各不相同。舊華僑的主要移民類型是華商和華工，目前新加坡華人大多已經是第二代起的移民後裔，他們的新加坡國族意識深厚，相對劃一。在新加坡的社會裏，華人、馬來人、印度人作為三大種族共存、共處。

新移民工作背景則如前所述那樣更加多元而重層，在新加坡大多是第一代移民，第二代人數正在緩慢增加。跟本土派華人相比，第一代和第二代的新移民跟中國的關係相對密切。可以說，新移民來到新加坡，必須面對「中國」和「華族」等空泛化的集體標籤，也逐漸認識到舊華僑和其後裔是另一「族群」。至於新移民又如何建構或被建構為「族群」，下一章會加以分析。

---

7. Yow Cheun Hoe, "Weakening Ties with the Ancestral Homeland in China: The Case Studies of Contemporary Singapore and Malaysian Chinese," *Modern Asian Studies*, 39, Part 3 (2005): 559–597.

2

族群：文化互動的過程

在華人移民的歷史脈絡當中，1978年離開中國的新移民群體具有其獨特性，有別於1949年前的華商、華工類型，以及這兩類型在世界各地繁衍的後裔。[1] 1949至1978年間，中國的封鎖孤立和所在地的國家建構，使得海外華人社會經歷了本位意識的轉移，衍生出屬於自己的文化體系。新加坡提供了一個值得研究的場域：當本土華人與中國新移民相遇，社會關係的建立與運作過程當中，文化互動展現了各種可能性。[2]

這一章試圖探討中國新移民和本地華人在新加坡的文化互動。首先，舉出生活上遇到的兩個例子，證明中國新移民在新加坡已經成為一個不容忽視的族群，新移民與新加坡人進行着這樣那樣的近距離接觸。[3] 接下來，新移民和新加坡社會當中的華族及其他族群之間的隔閡、衝突、互動，會放在象徵互動主義的理論角度來解讀。然後，會整理中國新移民在新加坡作為族群的形成過程、以及他們的存在現象。最後，會把焦點放在華族和國家兩個層面，思考新移民所帶來的衝擊與影響。

---

1. 新移民的歷史脈絡，參閱 Wang Gungwu, "New Migrants: How New? Why New," in Gregor Benton and Hong Liu (eds), *Diasporic Chinese Ventures: The Life and Work of Wang Gungwu* (London and New York: RoutledgeCurzon, 2004), pp. 227–238. 新移民的中國本位意識，參閱 Liu Hong, "New Migrants and the Revival of Overseas Chinese Nationalism," *Journal of Contemporary China, 14*(43) (May 2005): 291–316.

2. 有關新移民在新加坡的文化研究不多。其他角度的分析，參閱 Yow Cheun Hoe, "More or Less Distinctive? Chinese New Migrants in Singapore," presented at Africa Regional Conference of International Society for the Study of Chinese Overseas on "Diversity in Diaspora: The Chinese Overseas," in South Africa organized by the Department of Historical and Heritage Studies, University of Pretoria, 4–6 December 2006；吳前進：〈1990年以來中國—新加坡民間關係的發展：以中國新移民與當地華人社會的互動為例〉，《社會科學》2006年第10期，第83–91頁。

3. 這裏沿用人類學的文化研究述說方式，從旁觀察，不主動介入觀察對象的互動。

新移民的形象：兩個生活例子

我到現在還記得非常清晰，那一年是2000年。那是一個中午，我坐在雙層公共汽車的上層，公車駛進已經被越來越多的遊客稱為中國城的牛車水。公車裏空調將溫度調節得非常清爽怡人，車外是酷熱刺眼的陽光，左邊是裕華國貨的大樓。

忽然，下面傳來一片吵雜的聲音。仔細聽清楚，是一位男士在和一位女士在吵架。那位男士是公車司機，大聲地說：「你到底有沒有付錢？」女士的聲音清脆，口音聽得出來自中國。她回答：「不是已經跟你說過了嗎？我已經付過了。」司機說：「沒有。我沒有看到你付錢。」女士堅持說：「有的。」司機說：「騙人！你們中國人都是這樣的。」女士沉默了一會兒，然後又跟司機拉鋸般地爭辯。最後，女士提高聲量，責問：「中國人怎麼了？你說，中國人又怎麼了？」司機再沒吱聲。女士在下一站就下車了。巴士繼續往新加坡市中心的方向前行。

還有一次發生在2007年。在2000年，剛才提及的第一個生活例子發生的時候，新加坡的公車使用的還是投幣系統，需要使用錢幣來買車票。到了2007年，新加坡已經使用非常現代化的車卡感應系統。

2007年的例子發生在我開設的華人研究的講堂上。一位從工程系過來選修的同學告訴我，最容易辨認中國學生，或最能夠意識到中國學生的存在的方法，是到院長的辦公室去。那裏掛着院長榮譽學生榜，上面的優秀學生名字只有兩種類型。一種是長長的名字，另一種是短短的名字。長長的名字是印度學生，短短的名字是中國學生。院長榮譽學生榜上名字以英文拼寫，中國學生姓名一般分成兩個詞列出，比分成三個詞的新加坡華人姓名更短。

因此，中國學生似乎已經成為標青的一群，以他們優異的學業成績，當然也以他們的文化特質，和其他學生拉開的距離。

2000年和2007年的兩個生活例子顯示，在新加坡的語境當中，無論是公共場合或學校裏，新移民與其他群體產生衝突、競爭。這些衝突的產生是因為有隔閡的存在，隔閡的存在是因為溝通方面有其局限。

當然，衝突並不是互動的全部內容。更準確地說，1990年後接近30年的時間當中，中國新移民和新加坡當地人民經歷了隔閡、衝突、融合的社會關係。融合的目標，仍然是這些社會關係的參與者正在努力建構着的方向。

族群的架構：象徵互動主義

就以文化表徵、文化意涵來說，新移民已經形成一個特殊的族群。由於1949年和1980年代之間的來往斷絕，由於中華人民共和國具有特色的政治體系和社會運作，新移民從中國來到新加坡，跟當地華族及其他族群在生活習慣和思維邏輯上有很大的差異。[4] 甚至可以說，雖然新移民和新加坡華族同屬一個種族，但新移民在新加坡更加是以一個離境後的國族身份出現和存在的。這也是為什麼在新加坡的語境當中，有關新移民的稱謂通常會貼上國家標籤：「中國人」、"Chinaman"、"Ah Tiong"。

---

4. 有關新馬華人對中國祖籍地關係的疏遠，見Yow Cheun Hoe, "Weakening Ties with the Ancestral Homeland in China: The Case Studies of Contemporary Singapore and Malaysian Chinese," *Modern Asian Studies*, 39(3) (2005): 559–597.

1949年和1980年代之間,中國與新加坡來往斷絕,留在當地的華族及其後代繼承自華南傳統、然後又和西方及土著文化融合,令1990年代的新移民與在地華人也存在隔閡。圖攝於60年代。

"Ah Tiong" 是閩南語,意即中國人。閩南人是新加坡華人社會最大的方言群。經過新加坡政府多年的政策推動,英文和華語在新加坡成為最多人使用的語言。但是,在某些生活情景當中,不少新加坡人仍然喜歡使用閩南話、潮州話、粵語、客家話等這些二戰前華人移民帶來的方言。

這種我族和他者之間的區分,跟族群性的構建有關。關於族群性的理論和研究很多,隨着全球化和移民程度的提高,變得越來越重要。根據象徵互動主義的理論,許多族群的概念、認知、刻版印象都是文化符號,都是在社會活動過程當中被構建出來的。這些文化符號，會受到溝通管道的局限，也會受到意義傳達系統的影響。就如英國教授Steve Fenton所說：

> 族群性的「文化事物」根植於社會關係。通過或多或少的意識性方式，它是每天行為的特徵。這種文化內涵，是共同的祖宗歷史，是共同的傳承訴求，也是共同的風俗習慣、語言文字。它由族群內部成員確定，提供實質。同時，那些分享和不分享這個文化傳統的人們也會劃定它的界綫，以便區分我們和他者的差別。[5]

事實上，在新加坡的語境當中，國家或國籍，成為新移民最為鮮明一個族群的邊界劃定的指標。

新移民在新加坡：形成與存在

1990年新加坡和中國建立邦交後，新移民在新加坡逐漸形成有一定規模的存在。由於中國人有各種各樣移民的原因，也因為新加坡有吸收人才與勞力的需要，所以新移民開始在新加坡出現，逐漸形成特殊的族群，與當地社會各種群體在隔閡、衝突、溝通的過程當中，文化互動產生某個程度上的衝擊與影響。

新移民的重要性在2003年《聯合早報》的調查得到清楚的顯示：新加坡人民認為新移民是1993年到2003年十年當中，對新加坡生活帶來最深刻影響的十件事之一。[6] 根據一些學者的估計，2004年新移民在新加坡的人數有20萬到30萬。[7]

新移民族群在新加坡一直展現擴大的趨勢。再舉一個生活例子。2007年，有一天早晨，我搭地鐵從索美塞到文禮，

---

5. Steve Fenton, *Ethnicity: Racism, Class and Culture* (London: Macmillan, 1999), p. 63.

6. 〈1993年–2003年改變新加坡人的十件事〉，《聯合早報》（新加坡），2003年8月11日。

7. 陸方思、蕭偉基：〈他們改變了新加坡，也改變了中國〉，《亞洲周刊》，2004年4月25日，第14–18頁。

近年新移民族群展現擴大的趨勢。早上搭地鐵，很容易就會發現圍繞身邊的十個乘客可能有五個是新移民。

前往南洋理工大學上班。地鐵上，我用我的眼睛、我的耳朵，數一數到底有多少位新移民，或者到底有多少位似乎是新移民的乘客。這個統計讓我也有點驚訝：平均來說，碰到的每十位乘客，就有五位是新移民。似乎，新加坡人都被新移民包圍了。當然，這不是非常科學的統計方法。但是，新移民的數量其實不少也不多，數量剛剛在一個還可以控制的範圍內產生影響，帶來衝擊。事實上，據新加坡「2020年全國人口普查」的初步數據，過去十年（2010–2020）新加坡人口增長雖較上一個十年有所放緩，每年平均增長1.1％，也未有披露近年十年的新移民人數，但新加坡華裔居民已佔人口74.3％。[8]

8　新加坡2020年人口調查，參閱官方網站：https://www.singstat.gov.sg/publications/reference/cop2020/cop2020-sr1（瀏覽：2021年10月11日）；另見〈我國過去10年人口增長速度50年來最慢〉，《聯合早報》，2021年6月16日，見https://www.zaobao.com/realtime/singapore/story20210616-1156735；

新移民的文化影響：華族和國家層面

在新加坡華族這個層面，新移民輸入了別樣的中華文化。別樣文化，是因為新移民的中華文化，跟新加坡當地華族繼承自華南傳統、然後又和西方及土著文化融合的文化，在形式和內涵上其實有相異的地方。

在視覺上，新移民的生活習慣與衣着打扮，讓我們曉得原來所謂華人的氣質可以有另一個版本的詮釋。在聽覺上，新移民的口音與腔調，讓我們知道原來所謂的華語或普通話可以如何標準化，又可以如何傳達家鄉的音調。在味覺上，新移民經營的餐飲業，從重慶火鍋到北京餃子，從過橋米綫到上海小籠包，讓我們明白所謂中華飲食是如何地眷顧着我們的味蕾，又如何地挑戰着我們的腸胃。

這些視覺、聽覺、味覺上的元素，就是來自中國大江南北的文化載體，從新移民傳播到新加坡，為華族文化注入新的內

位於牛車水內的東北菜館。

容。在這個輸入的過程當中，華族文化再次多元化，華族文化再次和中國接軌，進行更大幅度的全面化。

值得注意的是：這個過程是雙向、互動的。新加坡華族保持了部分的風俗習慣、文化傳統，使得新移民再次發現落置海外的中華文化遺產，使得他們能夠把一些失去的寶貴東西尋找回來。我有一位修讀《新馬華人史》的學生是新加坡華人，年紀輕輕就已經是一位太極拳師傅。他告訴我，有些中國師傅來到新加坡，很驚訝地發現到內地失傳已久的武功套路。

在新加坡的國家層面，中國新移民的存在也帶來衝擊。建國四十多年，新加坡已經成為發達國家，社會穩定，經濟繁榮。小小的島國，原來可以做大大的夢，可以實現大大的理想。其國家文化體現在注重效率、講究業績的態度上。

事實上，新加坡可以從另一個角度來解讀。從以前到現在，新加坡一直是個移民國家，吸收着來自馬來西亞、中國、印度、以及其他地方的移民。移民擁有一種非常特殊的氣質與素質；他們拼搏，奮勇，刻苦，耐勞，敢為天下先。就是這樣的精神與文化，推動了整個社會的發展。這在許多國家的歷史上曾經展現，也在新加坡的發展過程中顯示出來。現在，新移民的到來與存在，就使得移民文化在新加坡的能量重新啓動，繼續運作下去。

結語

1990年開始，中國新移民在新加坡成為一個重要的族群。在日常生活的各個層面，新移民和新加坡當地人民產生了這樣那樣的關係。新移民和新加坡華人雖然同屬一個種族，但族群

新加坡建國四十多年，早已經成為發達國家，社會穩定，經濟繁榮，對中國新移民來說是一個可做夢的地方。

邊界隨着國家和國籍的差異而界定。新移民和新加坡人的社會關係經歷隔閡和衝突，仍然處在前往融合目標努力的進程當中。在文化互動方面，新移民給新加坡華族層面帶來更為多元化的中華元素，也給新加坡國家層面注入移民的奮鬥精神，使得新加坡未來的可能性無限地擴大。

隨着時間的推移，各有族群特徵的新移民與新加坡人，相互在近距離征逐國家資源，產生結構性的問題。下一章會切入新移民身處的新加坡結構，探討他們如何經歷架構性的局限與調整。

3

結構：主流資源的規範

自1990年跟中國建立邦交後，新加坡就選擇性地篩選、迎接中國新移民，以便解決自身人才短缺、經濟發展、人口老化等問題。當今人數眾多的中國新移民，成為新加坡不容忽視的社會存在，也構成各種政策上的重大考量因素。

　　這一章的焦點，投射在中國新移民在新加坡的社會處境和政策層面。首先，爬梳中國新移民抵達新加坡後所經歷的分層融入。然後，探討目前新移民和當地主流社會之間隔閡、融合的問題所在。接着，檢閱晚近新加坡移民政策的更動與修改，分析這些為了更好保障國民的新政策，如何影響到來自中國和其他國家的移民。

　　雖然有的新移民已經取得公民身份，但在不少本土派公民的認知裏，他們跟其他持有永久居民證、各類工作準證的中國人都是「他者」，與所謂「新加坡人」之間存在着涇渭的區分。在完全融合狀態尚未取得之前，在族群界綫尚未全然消弭之前，各種類型的中國新移民分佈、浮動在新加坡各個脈絡裏，跟本地派公民建立和進行社會關係，所以政府和政策愈發必須將他們放置在國家架構、經濟版圖裏權衡。

　　在移民管治和人口政策的研究當中，許多文獻確認了種族、性別、階級為主軸，社會和空間的各種機會和限制都圍繞這些綫條次第展開。[1] 在這基礎上，新加坡案例進而開拓了另一維度：社會上對新移民的國別認知與印象，影響了各層面的話語，晚近甚至升溫為結構性國家議題。

---

1. 法律地理學界（legal geographic scholarship）在這方面的論著貢獻豐富，例如 Don Mitchell, *The Right to the City: Social Justice and the Fight for Public Space* (New York: Guilford, 2003); Benjamin Forest, "Mapping Democracy: Racial Identity and the Quandary of Political Representation," *Annals of the Association of American Geographers, 91*(1)(2001): 143–166.

分層融入與歷史脈絡

縱觀過去二十年，新移民在新加坡經歷着分層融入的過程，即各類個體或躍升或停滯或淪沉在新加坡結構裏。[2]

向上融入的有資本家、企業家、金領人士，為新加坡的金融和貿易界作出貢獻，資源豐富的他們在新加坡社會的上流活動，本地社會跟他們的衝突相對的並不多見。

平行融入的主要是留學生，因為他們的身份在抵達前後沒有多大變化，他們主要在中學、語言學校、技能學院、大專學府修讀，儘管與本地學生之間形成某種學業上的競爭關係，但也推動了教育領域的發展，為新加坡的人才需求方面作好準備。

向下融入的有陪讀媽媽、建築工友、飲食業服務員等，處在經濟結構的末端、社會梯階的低層，扛起大多本地市民回避的工作。另外，新移民當中也有不少是專業人士、學校老師、編輯和記者，在各經濟領域裏扮演不同的角色，具有能力向上融入。[3]

新移民的抵達，讓新加坡華人離散脈絡跟中國得以重續，然跟當地社會存在着差異與區別。由於受到國際冷戰氛圍和區

---

2. 分層融入（segmented assimilation）理論方法在西方國家研究的使用，見Alejandro Portes and Zhou Min, "The New Second Generation: Segmented Assimilation and its Variants Among Post-1965 Immigrant Youth," *The Annals of the American Academy of Political and Social Sciences, 530* (1993): 74–96; Mary C. Waters, "Ethinc and Racial Identities of Second-Generation Black Immigrants in New York City," *International Migration Review, 28* (1994): 795–820; Alejandro Portes and Ruben G. Rumbaut, *Immigrant America: A Portrait* (Berkeley, CA: University of California Press, 1996); Alejandro Portes and Ruben G. Rumbaut, *Legacies: The Story of the Immigrant Second Generation* (Berkeley, CA: University of California Press and Russell Sage Foundation, 2001).

3. 游俊豪：〈經濟結構的社會性：中國新移民在新加坡〉, *CHC Bulletin*, Issue 13 & 14 (Singapore: Chinese Heritage Centre, May and November 2009), p. 12.

域政治局勢的影響，新加坡在1949年至1990年之間跟中國疏遠，停止接受中國移民長達40年。新加坡華人逐漸跟僑鄉的在地脈絡、中國的國族主義脫鈎，從華僑身份翻轉為新加坡國民。[4]

上一章已論及，這種身份政治認同的轉變，使得新加坡華人和新移民的劃分以國家為依據，以國族為邊界。儘管他們大多同屬一個種族（即漢族），可以籠統地以離散華人來概述，但他們在日常生活中互相以「新加坡人」、「中國人」認知彼此。

隨着時間的推移，在新加坡的離散華人構成裏，中國新移民逐漸成為重要的族群。表3.1顯示，2010年包含公民和永久居民的380萬新加坡居民總數當中，18萬來自中國大陸、香港、澳門。這18萬當中絕大多數是大陸移民，人數僅次於在地出生的220萬華人、來自鄰國馬來西亞的34萬華人。在新加坡的生活空間當中，馬來西亞華人的融入並沒有形成多大的問題，因為新馬兩地共享英殖民地的歷史記憶，兩地華人密切關係也持續不斷。[5]

中國新移民則不然。他們1990年後在很短的時間內激增，所以衝擊的力度讓在地社會感受特別猛烈。後面章節論及的晚

---

4. Yow Cheun Hoe, "Weakening Ties with the Ancestral Homeland in China: The Case Studies of Contemporary Singapore and Malaysian Chinese," *Modern Asian Studies, 39*, Part 3 (2005): 559–597.

5. 當然，馬國華人的融入過程順利是相對性的。有關馬國華人在新加坡的境遇，見Theodora Lam and Brenda S.A. Yeoh, "Negotiating 'Home' and 'National Identity;' Chinese-Malaysian Transmigrants in Singapore," *Asia Pacific Viewpoint, 45*(42)(2004): 141–164; Sin Yee Koh, "The Sceptical Citizen, The Mobile Citizen, and the Converted National: Chinese-Malaysians in Singapore Negotiating 'Skilled Diasporic Citizenship," presented at the International RC21 Conference 2011 on "The Struggle to Belong: Dealing with Diversity in 21st Century Urban Setting," in Amsterdam, 7–9 July 2011; Robin Chee Ming Feng, "Malaysian Chinese in Singapore: Seeking Identity and Searching for a 'Diasporic Space'," presented in the Graduate Workshop for Migration Research, organized by Geography graduate students of the National University of Singapore, National University of Singapore, Singapore, 27–28 September 2007.

表3.1　2010年按出生地和族群分的新加坡居民

出生地	總數	華人
總數	3,771,721	2,793,980
新加坡	2,911,934	2,206,695
新加坡以外	859,787	587,285
馬來西亞	385,979	338,501
中國大陸、香港、澳門	175,155	174,355
印度、巴基斯坦、孟加拉、斯里蘭卡	123,478	140
印度尼西亞	54,404	42,571
其他亞洲國家	90,143	20,764
歐洲國家	13,351	2,278
美國、加拿大	7,212	3,605
澳洲、新西蘭	4,803	2,017
其他	5,262	3,054

資料來源："Table A6: Resident Population by Place of Birth, Ethnic Group and Sex," in *Census of Population 2010: Advance Census Release* (Singapore: Singapore: Singapore Department of Statistics, 2010), p. 31.

近移民政策的修改，中國新移民成為主要針對目標，其實不言而喻。

　　根據學者劉宏的觀察，新加坡的中國新移民當中，高學歷的佔相對多數。由於新加坡政府對永久居民的要求標準尤重學歷和工資，所以篩選後駐留在新加坡的中國新移民大多持有歐美、日本、歐洲等大學文憑，在專業領域裏擁有高收入的職位。[6] 在跟新加坡社會和經濟的整合性互動當中，他們主要是通

---

6. Liu Hong, "Transnational Chinese Sphere in Singapore: Dynamics, Transformations and Characteristics," *Journal of Current Chinese Affairs*, 41(2)(2012) : 37–60.

過教育而後職業的途徑，即先求學而後工作。[7]另一渠道是通過公司企業的作業運作和網絡構建，這類新移民許多是「科技企業家」（technopreneurs）；他們結合了可以在不同地理空間轉移使用的科技知識和商業方法，在新加坡和中國之間搭建經濟和社會兩個層面的跨國主義。[8]

在地主流社會的國別標籤

在探討中國新移民所建構的新秩序的時候，學者Franke N. Pieke指出相關研究應當在移民的跨國流動和日常生活兩方面進行，並借此互為補助：

> 過去十多年對華人移民的關注，很多是放在華人移民活動的最近變化上面，即新的流動和其方式，也就是我所謂的中國新移民秩序。就如我先前解釋，這些華人移民活動令人覺得興奮，是因為這些移民在範式上展現了新全球公民和跨國公民的身份，無論這被視為可能的新現代性，或被當做威脅到某種已被建立起來的生活方式。然而，整體上來說，很少研究觀照政策以外的日常生活現實。[9]

---

7. 這種教育而後職業的移民模式，中國新移民也在美國、西歐、日本進行。見David Zweig and Chen Changgui, *China's Brain Drain to the United States: Views of Overseas Chinese Students and Scholars in the 1990s* (Institute of East Asian Studies, University of California: Berkeley, CA, 1995); Cheng Xi, "Non-remaining and Non-returning: The Mainland Chinese Students in Japan and Europe since the 1970s," in Pál Nyíri and Igor' Rostislavovič Savel'ev (eds.), *Globalising Chinese Migration* (Ashgate: Aldershot, 2002), pp. 158–172.

8. Liu Hong, "Immigrant Transnational Entrepreneurship and Its Linkages with the State/Network: Sino-Singaporean Experience in a Comparative Perspective," in Raymond Sin-Kwok Wong (ed.), *Chinese Entrepreneurship in the Era of Globalization* (London: Routledge, 2008), pp. 117–149.

9. Frank N. Pieke, "Editorial Introduction: Community and Identity in the New Chinese Migration Order," *Population, Space and Place*, 13 (2007):82.

新加坡是典型的多元族群社會，自1965年建國以來，至今仍然由華人、馬來人、印度人三大族群組成，各族群比例亦沒大變動。

　　中國新移民所身處的新加坡日常現實，除了前面論及的重層離散華人脈絡所帶來的區分，多元族群和多元文化的語境也是非常重要的因素。

　　新加坡是典型的多元族群社會。[10] 表3.2揭示，2010年新加坡人口由華人、馬來人、印度人三大族群組成，分別佔了74%、14%、9%。這樣的族群比列在1965年新加坡建國時已經大致如此，是通過英殖民地時代長久人口流動和凝聚所達至的。獨立後，新加坡政府則透過移民政策維持這樣的族群結構。另外，隨着英文教育的普及，英文教育群體不斷壯大，其重要性和影響力

10. Chua Beng Huat and Kwok Kian-Woon, "Social Pluralism in Singapore," in Robert W. Hefner (ed.), *The Politics of Multiculturalism: Pluralism and Citizenship in Malaysia, Singapore, and Indonesia* (Honolulu: University of Hawaii Press, 2001), pp. 86–118; Eddie C.Y. Kuo, "Multilingualism and Mass Media Communication in Singapore," *Asian Survey, 18*(10) (October 1978): 1067–1083.

凌駕於華文、馬來文、泰米爾文（Tamil）等教育群體。[11]2019年出爐的新加坡《2019年人口簡報》也顯示，截至2019年6月，新加坡的總人口570萬，比2018年增長了1.2%。 但三大族群比例仍然沒大變動。到2021年6月新加坡統計局公佈的「2020年全國人口普查」初步數據，華人、馬來人和印度人分別佔新加坡居民人口74.3%、13.5%和9%，與2010年幾乎沒有變動。[12]

表3.3揭露，英文使用者在各個種族家庭當中分量非常重要。2010年，有32.6%華人家庭、17%馬來人家庭、41.6%印度人家庭慣用英語，跟2000年相比，英語使用率都有明顯的提高。而2020年的全國人口普查更首度發現，英語已取代中文，成為新加坡人在家最常用的語言。[13]由此可見，英文在新加坡社會、政府、商業、教育等場域當中的廣度使用和高度價值，意味着中國新移民在進入在地脈絡的時候必須面對語言界綫。他們有的難以跨越英文語言障礙，有的很快就能穿越並適應過來。

表3.2　2010年6月底按族群分的新加坡居民

族群	人數（千）	百分比
總數	3,771.7	100
華人	2,794.0	74
馬來人	503.9	14
印度人	348.1	9
其他	125.8	3

注釋：新加坡居民包括新加坡公民和永久居民。
資料來源："2.2: Singapore Residents by Age Group, Ethnic Group and Sex, End June 2010," *Monthly Digest of Statistics*, Singapore, August 2010.

11. Nirmala Srirekam Puru Shotam, *Negotiating Language, Constructing Race: Disciplining Difference in Singapore* (Berlin and New York; Mouton de Gruyter, 1998).

12. 〈新加坡人口普查：人口增速放緩 華裔佔居民人口74.3%〉，《中國新聞網》，2021年6月17日，見www.chinanews.com/hr/2021/06-17/9501329.shtml。

13. 〈英語取代華語 成新加坡人在家中最常説的語言〉，《聯合早報》，2021年6月17日，見www.zaobao.com/realtime/singapore/story20210616-1156738。

表3.3　新加坡5歲以上居民家裏最常使用的語言（百分比）

族群/語言	2000	2010
華人	100.0	100.0
英語	23.9	32.6
華語	45.1	47.7
華人方言	30.7	19.2
其他	0.4	0.4
馬來人	100.0	100.0
英語	7.9	17.0
馬來語	91.6	82.7
其他	0.5	0.3
印度人	100.0	100.0
英語	35.6	41.6
馬來語	11.6	7.9
淡迷爾語	42.9	36.7
其他	9.9	13.8

資料來源: *Singapore Census of Population 2010 Statistical Release 1: Demographic Characteristics, Education, Language and Religion*, p. 25.

　　同時，新加坡也是典型的移民社會。為了持續經濟發展和克服人口老化，新加坡政府不斷引進移民。表3.4顯示，在2010年508萬總人口當中，323萬是公民，54萬是永久居民，130萬是持有其他證件的外籍人口。換句話說，非公民佔了強大的36%。縱觀全球，新加坡應當是外來人口比例最大的國家。就如美國、法國、澳洲等移民國家（migration state）的情況一樣，在人口流動與公民構成方面，新加坡也經常擺蕩在「經濟發展」和「政策開放」之間，思索其現代民族國家模式如何安放「局內人」（insiders），如何處理「局外人」（outsiders）。[14]

---

14. 有關移民國家方面，論述精闢的可見James F. Hollifield, "The Emerging Migration State," *International Migration Review*, 38 (3)(2004): 885–912; James F. Hollifield, "Migration and International Relations: The Liberal Paradox," in Han Entzinger, Macro Martiniello, and Catherine Wihtol de Wenden (eds.), *Migration between Markets and States* (Burlington VT: Ashgate, 2004), pp. 3–18.

表3.4　新加坡人口和其增長率

年份	總人口[a]	新加坡居民			非居民
		總數	新加坡公民	新加坡永久居民	
		6月份人數（千）			
1990	3,047.1 (100%)	2,735.9 (89.79%)	2,623.7 (86.10%)	112.1 (3.68%)	311.3 (10.22%)
2000	4,027.9 (100%)	3.273.4 (81.27%)	2,985.9 (74.13%)	287.5 (7.14%)	754.5 (18.73%)
2010	5,076.7 (100%)	3,771.7 (74.29%)	3,230.7 (63.64%)	541.0 (10.66%)	1,305.0 (25.71%)
		年均增長率（%）[b]			
1990	2.3[c]	1.7[c]	1.7[c]	2.3[c]	9.0
2000	2.8	1.8	1.3	9.9	9.3
2010	1.8	1.0	0.9	1.5	4.1

注釋：1990、2000、2010分別是人口普查的年份。
　　a 總人口包括新加坡居民和非居民。居民包括新加坡公民和永久居民。
　　b 1990年、2000年總人口增長率按過去10年算。
　　c 按1980年、1990年實際概念。
資料來源："2.1: Population and Growth Rate," Monthly Digest of Statistics Singapore, August 2010.

　　需要進而指出的是，新加坡公民當中有不少是由外國公民轉換過來的第一代移民。由於還保留鮮明的族群特色與標籤，第一代移民、永久居民、外籍人口跟主流社會產生了各種或隔閡或衝突的關係。

　　根據當地華文報章《聯合早報》2003年進行的調查，新加坡人民認為中國新移民是1993年後十年以來對新加坡產生最深刻影響的十大事情之一。[15]

　　另外，新加坡總理李顯龍早在2010年致國慶演講時，便特別提到移民的重要性，認為移民、房地產、教育、醫療四大課

15.　〈1993年–2003年改變新加坡人的十件事〉，《聯合早報》，2003年8月11日。

題給民眾帶來巨大的生活壓力。而民間在各種印刷和網絡媒體的討論顯示，在地社會最為關注的還是移民。因此，許多國民催促政府對永久居民、外來移民實行更為嚴謹的篩選要求和管治條例，以便凸顯公民和非公民之間的差別。有的建議，房屋和教育機會的分配應該優先考慮父母皆為新加坡公民的民眾，外國學生修讀在地大學的學費也應該提高。有的甚至呼籲，那些已獲得新加坡永久居民證、但又生活在他處的人們應該繳納特別的稅種。[16]

主流社會對中國新移民的接受所以會產生問題，首先是刻板印象的負面效果所導致的。先前論及，40年的政治疏遠和社會隔絕，使得「中國」這個國別標籤很輕易地就掛貼在新移民身上。主流社會以新加坡人民自身注重法治、秩序、業績等特色為參照值，衡量新移民的行為習慣是否符合在地的情況與條件。[17] 況且，新移民目前已然開始在不同的領域、空間產生撞擊。

由於受到移民與工作政策的約束，部分向下融入的移民，如陪讀媽媽和其他身份的女性移民陷入灰色地帶，招惹像「搶新加坡老公」、「破壞別人家庭」、「賣淫小龍女」等異樣眼光和惡言。[18]

平行融入和向上融入的新移民，則衝擊着新加坡各個領域的權力與權益架構。平行融入的中國留學生，由於學業優異而

16. Jeremy Au Yong, "Immigration Top Concern: Amy Khor," *The Straits Times*, 2 September 2010.

17. 游俊豪：〈文化互動的可能性：新移民與新加坡〉，《華僑與華人》2008年12月第2期，第 19–21頁。

18. 中國女性移民在新加坡碰到的障礙和難題，在文學作品裏有再現。見慣舟：《陪讀媽媽》，新加坡玲子傳媒2003年版；喜蛋：《百合：中國母親在新加坡的情緣》，創意圈出版社 2005年版；蕭蕭：《路在何方：陪讀媽媽的真實故事》，玲子傳媒，2004年版；九丹：《烏鴉》，武漢長江文藝出版社，2001年版。

很多新加坡家長和學生認為，中國留學生剝剝奪了他們的機會，教育資源的分配沒有適當地照顧到國民學生。

受到學校在招生時優先考慮，使得新加坡家長和學生認為自己的機會被剝奪了，認為教育資源的分配沒有適當地照顧到國民學生。[19]

　　向上融入的白領和金領人士，則被部分公民認為強佔了職場上的位子，以及抬高了房地產的價錢。這些負面印象的累積總和是：在新加坡本來就不龐大的空間和結構裏，新移民擠兌了國民，讓國民在生活邊緣上掙扎。[20]

---

19. Yow Chen Hoe, "Capital Accumulation along Migratory Trajectories: China Students in Singapore's Secondary Education Sector," in Ho Khai Leong (ed.), *Connecting and Distancing: Southeast Asia and China* (Singapore: Singapore Society of Asian Studies and Institute of Southeast Asia, 2009), pp. 137–152.

20. 另一爭議頗大的課題關涉新加坡國家運動的代表性。有的來自中國的運動員，儘管已經入籍新加坡，仍然未能獲得廣大新加坡人的集體認同。這涉及國家運動培訓資源的分配，也牽動何謂新加坡主體性的討論，各種意見可以見諸報端和網路。有的學者認為這反應了新舊公民之間的緊張關係，見Norman Vasu, "Governance through Difference in Singapore," *Asian Survey*, 52(4) (July/August 2012), p. 749.

新加坡的英文報章《海峽時報》2012年5月對400位國民進行調查，發現70%受訪者非議外來移民和外國人，認為他們帶來最大的問題是造成公共交通和公眾場合過度擁擠。國民不能接受移民的第二大原因，是認為他們搶走了工作機會。另外，「他們不會說英語」、「他們在住宅小區的存在讓我們覺得不安全」，反而被國民視為微末的原因。[21]

優化公民資源的政策修訂

根據政治學家Monica W. Varsanyi的歸納，非公民在整合進入民族國家體制內的過程當中，個人身份必須面對不時更易的政策，經歷三個互為關聯的狀態：(1) 何謂非法的概念上變動；(2) 權益的收回與取消；(3) 被驅逐出境的陰影。[22] 晚近新加坡移民政策的修訂，顯然是要在體制上處理移民問題，在資源結構上優化國民的條件，淡化新移民過去相對優勢的印象。換句話說，晚近各種移民相關的政策比較集中在第二方面，考慮在公民與非公民的權益上有所修改。

其實，有關其他國家的移民課題的論著，有的認為移民先後會遭遇兩個階段的融入進程上的阻礙。第一個階段，移民面對對其社會活動施加的約束，主要是針對他們能否成立或附屬特定的團體組織。第二個階段，移民面對更大的體制上的管

21. Rachel Chang and Cheryl Ong, "Most Welcome Foreigners but Want Slowdown," *The Straits Times*, 2 June 2012.

22. Monica W. Varsanyi, "Rescaling the 'Alien,' Rescaling Personhood: Neoliberalism, Immigration, and the State," *Annals of the Association of American Geographers*, 98(4) (2008): 882 (877–896).

新加坡國民認為外來移民帶來最大的問題是造成公共交通和公眾場合過度擁擠。

治，包括勞力市場、政治組織、教育系統等。[23] 可以説，在新
加坡的目前語境當中，新移民問題已經處在第二階段，遭遇結
構性的問題。

　　勞力市場方面，新加坡政府着手抬高就業准證
（Employment Pass）的門檻。2010年7月，就業准證最低階Q1准
證持有者的最低收入從新幣2,500調高到新幣2,800。旋即在2011
年8月宣佈，從2012年開始提高對初級和中級專業人士的要求，
以便讓國民在職場上享有更大的空間。Q1准證持有者的最低收
入，進而從新幣2,800提高到新幣3,000，年輕和高等教育者才會

23. 移民融入的第一階段問題，獲得Milton Gordon致力研究和分析，見其*Assimilation in American Life* (New York: Oxford University Press, 1963). 然Gordon忽略第二階段的存在，參閱Barbara Schmitter Heisler對此的批評："The Sociology of Immigration: From Assimilation to Segmented Assimilation, from the American Experience to the Global Arena," in Caroline B. Bretell and James F. Hollifield (eds.), *Migration Theory: Talking across Disciplines* (Second Edition) (New York & London: Routledge, 2008), p. 86 (83–111).

獲得優先考慮。就業准證的中階P2准證持有者，最低工資從新幣4,000調高到新幣4,500。2010年12月，新加坡有14萬就業准證者，大約有3萬人在更新准證的時候會受到影響。[24]

另外，新加坡政府也限制外籍工作人士的家屬進來。從2012年9月開始，S准證和就業准證者當中，只有月收入新幣4,000起才可讓他們的配偶和兒女申請家屬簽證（Dependant's Pass）。之前，只要月工資新幣2,800或以上就可以讓家屬獲簽證後居住在新加坡。另外，從2012年9月開始，所有就業准證者（Employment Pass）配偶的父母不再獲准逗留；P2准證者（收入新幣4,500起）只能携帶配偶和兒女，不能携帶父母或配偶父母；P1准證者（收入新幣8,000起）能携帶配偶、兒女、雙親，但不能捎帶配偶父母。顯然，新政策是為了要減少外籍人口在新加坡的流動和住留。[25]

教育系統方面，政府承諾會開放更多大學席位給本地學生。2011年國慶群眾大會上，李顯龍總理宣佈，本地學生的大學錄取人數會從12,000位增加到2015年的14,000，而外國學生數目則維持現狀。目前，外國學生構成本地大學學生人數的18%，政策的更動將降低這個百分比。[26] 在新加坡的大專學府裏，中國學生和印度學生為數不少，而且表現特優。

新加坡政府也對房地產有所調控。除了原先就不讓外國人購置有地房產，新加坡政府還開始對外國買家額外徵收10%印花稅。影響所及，2012年上半年的外國買家只有7%，比前一年

24. Aaron Low, "National Day Rally; Stricter Criteria to Help Level Playing Field: Tharman," *The The Straits Times*, 17 August 2011; The Shi Ning, "New Set of Measurements for White-collar Foreigner," *The Business Times*, 17 August 2011.

25. Cai Haoxiang, "Bar Raised for Foreigners' Families Keen to Stay Here," *Business Times*, 11 July 2012.

26. Leonard Lim and Lin Zhaowei, "Local Unis Say Students Pull Standards," *The Straits Times*, 16 August 2011.

同期的20% 降了許多。中國公民原本是最大買家，掉落為第二大買家，在2012年首六個月內買了259個房子，落在買了372個房子的印尼買家後面。[27]

2013年1月公佈的新加坡《人口政策白皮書》，卻促使政府和公民針對此一國家命題進行激烈的對話，或直接或間接地把外來移民吸納在討論裏頭。白皮書預期，為了新加坡的持續發展，總人口應當從2020年600萬增加到2030年650萬至690萬之間。由於新加坡人自然生育率始終偏低，所以白皮書估計新加坡每年需要引進15,000至25,000名的新公民，到了2030年需要50萬至60萬的永久居民、230萬至250萬之間的外籍人士。[28]

白皮書貫徹了新加坡政府多年以來的核心策略，即外來移民對保證新加坡生活水平事關重大。不少公民則認為，新加坡發展應當採取經濟轉型和生產率提高等方針來驅動經濟發展，擔心過多的外來人口會衝擊新加坡人的主體性。雜誌 *The Economist*（《經濟學人》）以下的觀察，相當程度地反映了新加坡人目前的心理：

> 新加坡的居住人口當中，可能少過一半是在那裏出生的。對於一個依靠移民來支撐發展、而又愈發讓移民獲益的經濟模式，有些公民表示懷疑。沒有任何一方提出另一方可以選擇的模式。然政府現在必須表現出來：它不但能夠管理新加坡經濟，也能夠回答這個問題：「它的成功是為了什麼而又是為了誰？」[29]

---

27. Esther Teo, "Chinese Foreigners Buy Fewer Homes Here," *The Straits Times*, 6 August 2012.

28. "A Sustainable Population for a Dynamic Singapore: Population White Paper" (Singapore: National Population and Talent Division: January 2013).

29. "The Limits to Dialogue," *The Economist*, 2 February 2013; The Economist website: http://www.economist.com/news/asia/21571159-despite-national-conversation-many-singaporeans-feel-government-does-not-listen-limits (accessed: 27 May 2013).

難免有所懸念。新加坡主體性如何包納外來移民和異元素，其政府和公民近來不斷叩問。即便另一典型移民國家美國也如此，2000年面對10%的外來人口的撞擊的時候，其公民不得不再次探索美國文化的整體性。[30] 新加坡的外來人口比例遠大於美國，因此新移民成為國家議題可以理解。政策藍圖與公民意見表述了各自的立場，新移民則不斷界定和被界定其自身的位置和權益。

結語

移民學者Adrian Favell提醒要注意移民如何在國家結構裏被歸類和管治：

> 我們嘗試講述異體（移民）如何適合或挑戰特定的（民族國家）敘事和體制架構，我們借此認識世界。與其如此，我們或許不如觀照過程本身，觀察這些集體如何管理移動者，如何命名並統計他們，並進而將他們區別於非移動者和居民。如此，才是疆域性民族國家的社會如何構建自身的首要基本道理。穿越空間的形體移動，是人類社會生活自然而正常的本質。而不正常的、可更動的、可歷史性建構的是這樣的事情：人類社會需要築建政治邊界和政治

---

30. A. Dianne Schmidley, "Profile of the Foreign-born Population in the United States: 2000," U.S. Census Bureau Current Population Reports, Series P23-206 (Washington, DC: Government Printing Office, 2001); Samuel P. Hungtington, *Who Are we? The Challenges to America's National Identity* (New York: Simon and Schuster, 2004). 然需要指出的是，外來移民給美國帶來的影響更為多面，包括境內安全和族群分區而居。參閱 Rarniro Martinez and Abel Valenzuela, *Immigration and Crime: Race, Ethnicity, and Violence* (New York: New York University Press, 2006); John R. Logan, Brian J. Stults, and Reynolds Farley, "Segregation of Minorities in the Metropolis: Two Decades of Change," *Demography, 41*(1)(2004): 1–22.

體制，以便界定和限制空間上的移動，管制各種運作的方式，企圖讓非移動狀態成為規範。[31]

新加坡提供了一個鮮明的案例，顯示中國新移民的融入目前遭遇結構性的問題。前面討論指出，在匯流到新加坡的各種離散華人脈絡當中，新移民被給予當代中國國別性的標籤，使得他們區別於在地的主流社會。來自各種各樣的背景，新移民個別透過向下、平行、向上等方向跟在地社會互動，在多元文化和多元族群的語境當中，面對英語廣度和高度使用所形成的界綫，也面對體制的管治。

為了妥善處理國民的訴求，新加坡政府致力優化公民可以享有的資源和空間，拉開公民跟包括中國新移民在內的外籍人士的距離。晚近移民政策的頻繁修訂，反映新加坡政府在重層結構裏分別管治移民的數量、身份、空間。這些對人口流動的重新界定，無非是要彰顯主流社會的固定性，讓它成為國民與公民可以接受的社會規範。

---

31. Adrian Favell, "Rebooting Migration Theory: Interdisciplinarity, Globality, and Postdisciplinarity in Migration Studies," in Caroline B. Brettell and James F. Hollifield (eds.), *Migration Theory: Talking across Disciplines* (Second Edition)(New York & London: Routledge, 2008), p. 271.

4

組織：團體運作的方向

中國新移民抵達新加坡，面對不同的體制與語境，很快就覺得需要成立團體，以便更容易融入當地的社會。對於結社組團的需要，其實每個階段的移民、每個語境的居民都會自然而然地產生的。

本章首先回顧二戰前新加坡華人的幫派意識，以及他們組建的重要社會團體類型。然後，會整理並呈現新加坡的中國新移民成立的主要組織，並且對其中具有代表性的天府會、華源會、江蘇會、清華大學同學會、華新社團加以論析，以便理解這些團體的運作方式與發展方向。

早期的幫派與社團

新加坡早期華人社會的群體意識與社會組織，主要依據源自中國鄉土籍貫的觀念運作，分為閩、潮、廣、客、瓊五大幫派。這樣的群體劃分，也稱為福建幫、潮州幫、廣東幫、客家幫、海南幫，大致反映了五大方言群的抵達先後、人口多少、權力大小。社團的三大類型，即地緣、血緣、業緣等組織，也多半圍繞着五大幫群成形，發展，消長。[1]

英殖民地時代，華人社團的功能相當全面，照顧層面非常廣泛。社團支助華人在地的各種需求，推動了華人的本地化進程。它們參與廟宇的建構，舉辦傳統節日慶典，開辦華文學校，設立善堂、義塚、公墳。[2] 華人的生活，圍繞着社團展

---

1. 林孝勝：〈神權、紳權、幫權：幫權結構與幫權結構〉，柯木林主編《新加坡華人通史》，新加坡宗鄉會館聯合總會2015年版，第79–92頁。
2. 曾玲：《越洋再建家園：新加坡華人社會文化研究》，江西高校出版社2003年版。

英殖民地時代，華人社團參與廟宇的建構，舉辦傳統節日慶典，開辦華文學校，
設立善堂、義冢、公墳。圖攝於約1885年，為興建於1840年的天福宮，新加坡政府
1973年把天福宮定為國定古蹟。

開，通過社團增進彼此的感情。可以説，社團幫助延續了華人
族群性。

　　另一方面，社團也維持了華人與中國的聯繫。在二戰前
很長的一段時間裏，社團形塑了中國認同。很多案例顯示，華
人支持中國的賑災行動、維新與革命等政治活動、抗日救亡運
動，很多都是通過社團進行的。[3]

3. Stephen M.Y. Leong, "Sources, Agencies and Manifestations of Overseas Chinese Nationalism in
Malaya, 1937–1941." PhD dissertation. Los Angeles: University of California, 1976.

新加坡1965年建國後，傳統華人的社會的許多功能，逐漸轉移到政府機關。[4] 華人的認同變得更為多元，跨幫群與跨族群的組織形式益愈增多。由於華人的族群性產生變化，一些小型的傳統華人社團在1980年代開始式微，難以招收新會員，面對會員老年化問題。

直到1990年後，中國新移民湧入新加坡後，整個華人社團的格局才增添了新活力。

新移民成立的團體

在全球化的時代，新移民團體都借助互聯網的便利，設立自己的網址，介紹團體的宗旨與設置，發表活動消息。根據這些團體的信息，表4.1列出中國新移民在新加坡成立的15個團體。

雖然只是初步的整理，未窺全豹，但顯示了新移民社會組織的主要陣容與特點，以及形成的趨勢。

表4.1中最早的團體，是1990年由香港移民創立的九龍會。從1980年代至1997年香港回歸中國的這段期間，香港人移民到新加坡達到高峰。在新加坡日常詞語當中，「香港移民」能否歸類於「中國新移民」裏，並沒有一致的看法。應該說，跟1990年代才開始大量湧入的中國大陸移民相比，香港移民是一個有其特殊性的群體。表4.1中最遲出現的社團是2016年成立的江蘇會，顯示來自江蘇省的新移民人數可觀，向心力強大，因此有了建構團體的想望與行動。

---

4. 鄭文輝：《新加坡從開埠到建構》，新加坡教育出版社，1977年版。

中國新移民成立的團體，規模最大的應該是天府會及華源會。天府會在2001年成立，華源會隨後第二年建立。這兩大團體綜合性很高，會員的來源背景很廣。天府會主體性雖然建立於四川籍貫的移民群體，但來自其他身份的移民也可以申請加入的。華源會也是開放給所有來自中國大陸的新移民。

值得注意的是，按照地緣性來說，中國新移民團體絕大多數以省份來區分，進行同鄉的整合，例如天府會、陝西同鄉會、晉商商會、貴州同鄉會、齊魯會、江蘇會。相比之下，早期的傳統華人社會，組織則有許多以縣級來建構，例如安溪會館、番禺會館等。[5]

另外，中國新移民社團當中，有相當數目是校友會類型。表4.1裏，就有上海交大校友會、清華大學校友會、北京大學校友會。可以說，這反映了中國新移民高學歷的特點，人數可觀。這些中國高校的校友會，在1990年代以前並不多見，在二戰前以華商與華工為主的社會更是稀少。

---

5. 早期華人社團的整理，見吳華：《新加坡華族會館志》三冊，南洋學會，1975–1977年版。

表4.1　中國新移民在新加坡的組織

	中文名字	英文名字	成立年份	備註
1.	九龍會	Kowloon Club	1990	–
2.	新加坡上海交大校友會	Shanghai Jiaotong University Alumni Association (Singapore)	1999	–
3.	新加坡天府會	Tian Fu Association	2000	–
4.	華源會	Hua Yuan Association	2001	–
5.	華新社團	Huasing Association	2005	–
6.	新加坡清華大學校友會	Tsinghua Alumni Association (Singapore)	2007	
7.	新加坡北京大學校友會	Peking University Alumni Association (Singapore)	2008	2007年北大時任校長許智宏教授親筆簽署了授權成立北京大學新加坡校友會的信件，新加坡校友會於2008年7月28日正式取得新加坡內政部社團局批准註冊。首任會長是舒東偉，第二任會長是林蔓菁，第三任會長是黃生，現任會長是楊文匯。

（表4.1，接下頁）

	中文名字	英文名字	成立年份	備註
8.	新加坡天津會	Tianjin Association (Singapore)	2008	目前會員已達200餘人，非正式會員近500人，會長是陳力萍。除了是一個同鄉會，天津會也是一個商會，擔負着促進新加坡和天津之間的經貿往來及投資等雙邊合作的使命，為兩地企業家和投資基金成員等，提供一個有實效的交流平台。
9.	新加坡陝西同鄉會	Shaanxi Association	2011	目的是為了團結所有在新加坡的陝西人，借助群體力量，發揮個體優長，為廣大陝西老鄉在新加坡工作、學習、生活創造更好的條件，提供更多的支援和幫助。會長是趙炳利。
10.	新加坡龍岩同鄉聯誼會	Long Yan Friendly Association Singapore	2013	會長是張志民。21名執委中，新加坡人包括會務顧問黃錦西、副會長張錦泉、副會長魏鈞揚、財政張秀萍和查帳廖坤榮，其餘是新移民。 新加坡已有一家成立於1938年的龍岩會館，會址設在維拉三美路。新成立龍岩同鄉聯誼會，招收會員對象為福建省境內一個市轄區：新羅區、一個縣級市：漳平市；以及五個縣：永定縣、上杭縣、長汀縣、武平縣和連城縣的移民。新羅區講龍岩話，漳平市講閩西方言，其餘五個縣是客家地區。
11.	新加坡晉商商會	Jinshang Business Club (Singapore)	2013	會長是明海龍。新加坡晉商商會，跟世界各地的晉商商會保持聯繫。2012年第一屆世界晉商大會在山西太原成功舉行，全世界之間的合作交流進入一個新的時期。
13.	新加坡貴州同鄉會	Guizhou Association (Singapore)	2013	貴州同鄉會，口號是「為老鄉服務，為貴州爭光」，會長是蔡茂。

（表4.1，接下頁）

	中文名字	英文名字	成立年份	備註
14.	新加坡齊魯會	Qi Lu Association (Singapore)	2013	新加坡齊魯會是由來自新加坡學術界、教育界、政界、企業界等熱心的山東人士倡議發起，於2012年底正式批准成立，會長是左海濱。
15.	新加坡江蘇會	Jiangsu Association (Singapore)	2016	–

新加坡天府會[6]

新加坡天府會，原名「天府同鄉會」，因四川古稱天府之國而得名。1996年開展活動，2000年2月經新加坡政府社團註冊成立，共有2,300位理事和會員。它招收的會員，超越了地域限制，具有包容性和開放性，包括了非四川籍的移民。會長是杜志強，會員除了川籍新移民，也包括新加坡、北京、上海、天津、西安、浙江、東北等地的新老移民。

天府會成員大多數是技術移民與專業人士，高學歷人士居多。會員中大專、大學以上背景的佔99%，30%以上又在本地再次求學提升，碩士佔57%，會裏有博士23位。天府會約有600多個家庭，近70%已成為了新公民。每年天府會都舉辦15至20次的內部交流與活動，如中秋聯歡、春節團拜等活動。

---

6. 新加坡天府會網址：http://www.tianfu.org.sg/（瀏覽：2018年3月16日）。

天府會主要骨幹理事也受邀參加了約二十多次中國政府的重大活動，如國慶觀禮、奧運會、世博會、汶川地震一周年及三周年紀念活動等。天府會的多位理事也受邀加入新加坡的社區組織、政府專門委員會等機構，如市鎮理事會、國民融合理事會、國內稅務局民意委員會等，為新加坡的社會發展獻計獻策。

天府會和中華總商會、宗鄉總會、學聯、潮州八邑會館、三江會館、九龍會、廈門公會等十多個新老社團建立了工作聯繫和姊妹社團關係，積極參加各社團組織的本地大型的社會活動，如各會館的理事就職典禮、藝術表演、名人講座、聯誼聯歡會等，如「春到河畔迎新年」、「愛國歌曲大家唱」、「繪畫展覽」、「樂團表演」等的活動。

天府會促進新加坡與中國之間的文化及經濟領域的合作，接待了超過百多位的中國國僑辦、對外友協、中組部、商務部、四川省、江蘇省、吉林省、山東省等高層領導來訪。它也積極參加中國大使館等機構舉辦的中國抗日戰爭勝利紀念會、中國載人飛船發射成功紀念會、中國成功舉辦奧運紀念會等活動；積極參加中國各地來新加坡的招商、文化交流、「百人計劃」、「千人計劃」等活動。

華源會[7]

2001年5月7日創立的華源會，會員大多數是1990年代後從中國移民來新加坡定居的專業人士。會長是王泉成，會員人數

---

7. 華源會網址：http://huayuanassociation.com/about/（瀏覽：2018年3月15日）。

超過6,000位，從事自科研、商貿、媒體、文化產業、服務業、生產加工等領域。

華源會的宗旨是：(1) 協助會員更好地融入新加坡的多元種族社會；(2) 促進會員間的信息交流與溝通；(3) 發揚互助友愛精神；(4) 促進會員與其它社團的友誼及交流；(5) 通過組織各類活動，提高會員及其家庭成員的業餘生活；(6) 促進新加坡與全球的商貿往來，幫助會員聯繫與發展新加坡與全球的商貿平台。

華源會屬下設立八個小組，分別為外聯部、網站及宣傳組、體育組、義工組、文化教育組、藝術團、全球華源聯發組、科技與學者交流組。

華源會至今舉辦活動超過1,000場，其中主要的項目包括：

1. 「新移民傑出貢獻獎」評選。華源會辦過兩屆「新加坡新移民傑出貢獻獎」，目的是除了獎勵那些為新加坡社會做出傑出貢獻的人士外，也想改變新加坡本地人對中國新移民的陳見和看法，為樹立中國移民良好形象做出貢獻。為增加獎項的公信力，華源會邀請了新加坡社會知名人士組成評委會，對近百位候選人進行層層選拔。

2. 參與新加坡當地節慶，定期舉辦歌唱、舞蹈及民間曲藝等活動，豐富會員生活，例如為紀念新加坡建國 50 周年，華源會是唯一代表新移民社團組織 50 人參與政府主辦的「妝藝大游行」活動。

3. 組織、承辦新加坡與中國及各國間的文化、商務交流、互訪活動。例如：為引導華裔青少年更深入地了解、傳承中華優秀傳統文化，華源會組織「海外華裔青少年尋根之旅」、「水立方杯海外華裔青少年中文歌曲大賽」、「華源會會員一起為青奧會傳接聖火」等大型活動。

4. 舉辦新加坡社區基層活動、民間組織公益、慈善活動、節慶日的大型表演。例如：舉行大型義工活動；積極響應殘疾人協會號召，舉行全島募捐活動。

5. 積極推動民族融合與和諧發展的活動，例如：華源會會長王泉成先生受邀出席新加坡總理茶會活動，為促進種族和諧貢獻一份力量；華源會義工參加位於武吉巴督的齋月派粥活動。

6. 為會員搭建新中企業友好平台。例如：華源會理事、會員參加東盟華商會、世界閩商大會等大型商業交流活動；會長王泉成先生親自帶領理事、會員到新疆、福建、雲南等地方考察。

7. 舉辦新移民質素、素養提升的公共教育培訓活動。例如：為了讓陪讀媽媽更好地融入新加坡生活，華源會主辦「免費英語學習班」活動。

江蘇會[8]

新加坡和江蘇省之間有着密切經貿的關係，在多個領域進行廣泛合作。例如1994年成立的蘇州工業園區就是最早的新中政府間合作項目，2007年更正式成立了新加坡江蘇合作理事

---

8. 江蘇會網址：http://jiangsu.org.sg（瀏覽：2018年3月18日）。

會，2011年新加坡國立大學也在蘇州設立首個海外研究院，新近合作的是新加坡南京生態科技島和蘇通科技產業園。

新加坡江蘇會在2016年10月正式註冊，會長是周兆呈。江蘇會定時舉辦各類活動，協助和促進會員更好地融入本地社會，為推動國民融合作出貢獻。江蘇會還扮演慈善與公益活動的組織者與協調者的角色，為新移民提供做義工的機會和渠道，讓新移民在回饋社會的同時，自身也更好地融入在地社會。

通過綫上的微信交流，是江蘇會的一大特色。目前已建立了500人的大群三個。除了幾個主要的微信交流大群，理事會還組織了眾多的特色小群，面向不同需求的江蘇老鄉。例如，「文化登台」、「經濟唱戲」、「愛攝影」、文藝部的「文化大觀園」面向熱愛文藝的老鄉們交流切磋 。江蘇會經貿部則為在新加坡的江蘇籍商人提供服務，建立商務平台，積極發揮橋梁和紐帶作用，帶動新加坡和江蘇的經貿發展。

為了幫助未婚老鄉們尋找自己合適的另一半，理事會也建立了「紅娘群」。科技部的「科技群」，「園藝群」及「招工就業群」，則推動科技和文化的交流，及為花草愛好者與需要找工作的老鄉提供了 一個平台。

此外，理事會也組織了「母嬰群」，讓老鄉們互相交流生兒育女的經驗，解決常見問題，以滿足老鄉們的日常所需。「房屋經紀群」，則幫助老鄉們買賣或租賃房屋（公寓或組屋），「建屋裝修群」幫助老鄉們做房屋裝修；「二手群」以方便老鄉們互換一些物品，充分做到環保。

江蘇會的會務範圍，包括：社會公益、文化藝術交流、商務及外貿交流、科技與互聯網交流、人才教育交流。

特別值得一提的是，江蘇會與福建會館、潮州八邑會館、九龍會成立「社會公益聯盟」（Alliance for Betterment of Community）。可以説，這是新移民組織跨群體公益行動的最佳表現。

新加坡清華大學校友會[9]

　　新加坡清華校友會於2007年4月成立，宗旨是：(1) 加深新加坡校友之間的友誼和聯繫；(2) 建立並加強與母校及世界各地校友會的聯繫；(3) 組織或參加各種有利於清華和當地社會的各種活動。首任會長是劉春霖，現任會長是吳永玲。

　　十年來，新加坡校友會得到長足發展，註冊會員人數將近200人，聯絡到的校友有500多人。2014年成立的新加坡清華經濟管理學院校友分會，以及清華經濟管理學院東南亞校友會，更是壯大了校友會的規模，使得校友人數達到1,000多人。

　　通過第一屆到第五屆委員會及廣大熱心校友的不懈努力，校友會成功舉辦了一系列的活動，得到了穩步發展。新加坡校友會每年舉行的新年晚會、中秋聚會、各分會的聚會等，已經成為廣大校友交流聚會的平台；長期舉辦的太極拳、羽毛球、乒乓球、徒步穿越、卡拉OK等文體活動吸引了廣大校友的參加。不定期舉行的科技及人文講座也是新加坡清華校友會的一大特色，也曾邀請母校的多位教授來新加坡舉辦「清華大講堂」系列講座，也曾多次邀請本地的企業家、投資人、銀行

---

9. 新加坡清華大學校友會網址：https://www.tsinghua.org.sg （瀏覽：2018年3月19日）。

經濟師及風險分析師等舉辦「人生財務規劃以及基金投資講座」，知名校友舉辦的「校友論壇」等。

　　新加坡清華校友會自2009年起建立了「創業平台」小組，旨在為有意在新加坡或中國內地創業的校友提供渠道與平台。在「中國大使館科技處」以及新加坡各社團組織的大力支持下，已經舉辦的活動包括舉辦創業講座，宣傳國內吸引海外人才政策，組團報名參加人才交流會，以及舉辦系列講座，大大激發了校友的創業熱情，「網上共享租車」服務就是清華校友創業的成功範例。

華新社團[10]

　　華新社團於2005年7月以社團註冊成立，是新加坡第一個以中國籍大專院校學生和專業人士為對象的社團。

　　在那之前，2000年2月華新網正式成立，宗旨是「為正在就讀新加坡各大專學府或者在新加坡從事專業工作的中國同胞提供一個交流的空間和服務的平台，並為這個群體在新加坡的個人和職業發展提供幫助」。

　　華新網深受歡迎，不但為大家在生活、學習和事業上答疑解惑，而且在理財、時事、文化、飲食時尚、娛樂、足球等許多方面為大家提供了豐富的諮詢。

　　除了維護和改進華新網以外，華新也一直致力於結合網上與網下的活動，提供更全面的服務。如手工打印、排版、裝訂

---

10. 華新社團網址：http://huasing.org/news.php?id=150 （瀏覽：2018年3月22日）。

介紹新加坡學習生活情況《新生手冊》，邀請學長舉辦創業講座，又或與《聯合早報》合作舉辦「十年——新加坡中國留學生現狀調查」的大型活動，調查了50多名第一屆學長的工作和生活狀況。

華新又曾舉辦「第二起跑綫」大型調查和若干場小型的職業介紹講座，希望幫助剛畢業的學生順利求職。2005年起，為了滿足越來越多走出校園進入職場的網友需求，又開設「獅城職場」和「獅城財經」兩個討論區並組織了一系列理財、行業的講座。

結語

中國新移民在新加坡成立的組織，由於理事與會員都是第一代移民，所以推動團體活動充滿了活力。對於整個新加坡的社會組織景觀而言，新移民的團體無疑注入新的氣象，不但成員學歷相對較高，而且運行方式多元化。

在貼近在地脈絡方面，新移民團體積極跟主流社會團體合作，主動舉行慈善活動，致力於跨文化跨族群的互動。在建構跨國主義方面，它們面對史上全新的中國，一個崛起的富強的中國，自然就努力推動新加坡與中國的經貿關係，而文化交流也更為豐富。

5

學生：異國教育的過渡

新加坡的教育領域成功得以國際化，其中一個體現在於外籍學生的入讀與存在。據新加坡統計局發佈的「2020年全國人口普查」初步數據，新加坡總人口達569萬，外籍人口約164萬（除352萬新加坡公民及52萬為永久居民，即工作准證或長期准證持有者），當中持有學生准證的有6.56萬。[1] 由於處於青少年階段，思想意識與身份認同都在形塑期間，留學生在新加坡的融入過程值得注意。這一章焦點放在中學範疇裏，探討新加坡的中國留學生如何不斷適應自己的定位。

首先，會探討外國求學的經驗，如何必須在跨國主義與在地融入之間作出考慮，並調動各類資本。接着，會梳理中國留學生在新加坡的學業表現與文化特徵，並通過一所國際學校的案例來分析留學生對目前境遇的體驗，以及對未來方向的思索。此外，還會跟政府學校的中國留學生的案例進行比較，以便了解有關身份認同與思想意識的概況。

各類資本的轉移

從一處到他處的移動軌迹上，移民必須克服新環境的各種障礙，也必須處理舊地方的聯繫。他們需要調動各種資源，以便穿越這個那個界綫的時候，盡力確保過程是順利的。為了方便理解他們所面對的限制，以及因此所採取的策略，這裏將所能運用的資源分為布埃爾•布迪厄（Pierre Bourdieu）在其社會活動研究裏提出的三大種類：（一）經濟資本（物質資產）、

---

1 〈新加坡 2020 人口普查報告，留學生比例呈明顯上升趨勢〉，《每日頭條》，2021年6月18日，見 https://kknews.cc/education/v54z3p4.html。

（二）社會資本（網絡、關係）、（三）文化資本（身份、階級）。[2] 為了本書的研究，文化資本可以稍作改動，以便包括語言能力、歷史知識。

此外，需要強調兩方面。第一，資本的種類之間是可以轉換的，取決於資本持有者的需求與能力。第二，資本的累積是可以進行的，通過代際之間再生產。[3] 有些研究採用了資本理論，揭示那些擁有豐裕經濟與社會資本的移民家庭比較容易進入主流社會，而缺乏資源的移民只能被困在低端階級裏。[4]

在處理「融入進程」與「跨國主義」兩大命題的時候，移民有時必須選擇資本的種類，思考如何獲得資本，累積資本以及轉換資本。這些不同種類的資本，互相有所關聯，有時又彼此衝突。程度則因地而異，在地現實影響着移民的融入進程、跨國聯繫。移民掌握的資源越是豐厚，他們面對這兩大命題的能力與彈性就越強大。

融入進程方面，值得注意的是它的進程不是直線的，也不是單一的。在進入在地的環境當中，它經常呈現多元的方向。所以「分層融入」方法論就有其合理性，它關注何以有些移民

---

2. Pierre Bourdieu and Loic Wacquant, *An Invitation to Reflexive Sociology* (Chicago: University of Chicago Press, 1992).

3. Craig Calhoun, "Pierre Bourdieu," in George Ritzer (ed.), *The Blackwell Companion in Major Contemporary Social Theories* (Malden: Blackwell, 2003), pp. 274–309.

4. Victor Nee and Jimmy Sanders, "Understanding the Diversity of Immigrant Incorporation: A Form of Capital Model," *Ethnic and Racial Studies, 24*(3) (2001): 386-411; Richard D. Alba and Victor Nee, *Remaking American Mainstream: Assimilation and Contemporary Immigration* (Cambridge, MA: Harvard University Press, 2003); Martin N. Marger, "Transnationalism or Assimilation? Patterns of Sociopolitical Adaptation among Canadian Business Immigrants," *Ethnic and Racial Studies, 29*(5) (September 2006): 882–900.

經歷「向上融入」，有些則「平行融入」，有些甚至「向下融入」。[5]

　　分層融入的產生，是因為在移民前與移民後的語境都存在着資源分佈的不均情況。移民前的資源，包括移民所攜帶的金錢、技能、知識，以及他們在家鄉的社會身份等。移民後的資源，包含種族與族群的分化、政府的政策條例、勞動市場的條件、社會民眾的態度、群體運作的能力。[6]

　　影響融入進程的，最大的可能因素之一是跨國主義，即跟出生家鄉的聯繫。作為一個學術領域，「跨國主義」非常重要，牽動了許多不同學科學者的理論探討、實踐研究。當今移民研究領域裏，跨國主義之所以普遍存在，得力於資本主義的全球化、交通與通訊科技的發達。[7]然而他們觀點的分歧，則在於這些跨越國家疆界的社會連接是如何持續的、頻密的。

---

5. 西方國家的案例研究，參閱 Alejandro Portes and Zhou Min, "The New Second Generation: Segmented Assimilation and Its Variants Among Post-1965 Immigrant Youth," *The Annals of the American Academy of Political and Social Sciences, 530*(1993): 74–96; Mary C. Waters, "Ethnic and Racial Identities of Second-Generation Black Immigrants in New York City," *International Migration Review, 28* (1994): 795–820; Alejandro Portes and Ruben G. Rumbaut, *Immigrant America: A Portrait* (Berkeley, CA: University of California Press, 1996); Alenjandro Portes and Ruben G. Rumbaut, *Legacies: The Story of the Immigrant Second Generation* (Berkeley, CA: University of California Press and Russell Sage Foundation, 2001)。

6. Min Zhou and Yang Sao Xiong, "The Multifaceted American Experiences of the Children of Asian Immigrants: Lessons for Segmented Assimilation," *Ethnic and Racial Studies, 28*(6)(November 2005): 1123.

7. Nina Glick Schiller, Linda Basch, and C. Blanc Szanton, "Towards a Transnational Perspective on Migrants: Race, Class, Ethnicity, and Nationalism Reconsidered," *Annals of the New York Academy of Sciences, 645* (1992); 125–143; Michael Peter Smith and Luis Eduardo Guanizo (eds.), *Transnationalism from Below* (New Brunswick: Transaction Publishers, 1998); Alejandro Portes, Luis E. Guarnizo, and Patricia Landolt, "The Study of Transnationalism: Pitfalls and Promise of an Emergent Research Field," *Ethnic and Racial Studie, 22* (2)(Special Issue: Transnational Communities)(March 1999): 217237; Peter Kivisto, "Theorizing Transnational Immigration: A Critical Review of Current Efforts," *Ethnic and Racial Studies, 24*(4)(July 2001): 549–577.

中國的留學生可以分為小學生、初中生、高中生、大學本科生、碩士與博士生。年幼的由於心智性格在新加坡成長，他們的身份認同最為不同。圖為新加坡一所男女同校的公立小學。

　　至於如何決定「跨國主義」與「融入進程」的程度與內容，卻又涉及許多原因。這一章將檢閱中國留學生如何涉及融入狀態與跨國連接，以及如何受到不同種類資本的影響。

潛在的移民與定居者

　　在中國新移民群體當中，留學生的特殊性是他們的學校教育在新加坡進行，他們的心智性格也在新加坡成長。年齡的原因，使得他們的身份認同最為不穩定，可塑性也最高。他們未來是否視新加坡為工作與生活的長久之地，要視投入在教育的資源能否轉為更好的社會資本。這群潛在的移民與定居者，在新加坡經歷平行融入，因為他們的學生身份在來新加坡前後基本沒變。

新加坡與中國建交於1990年，新移民開始抵達。來自中國的留學生，可以分為小學生、初中生、高中生、大學本科生、碩士與博士生、專業技能學校學生幾個重要類別，就讀於政府開設的學校系統、私人開辦的教育機構裏。而在私營系統裏，又可分為提供小學與中學教育的國際學校，以及各種技能的培訓學校。

2000年，新加坡的中國留學生共有11,000名。[8] 2005年，根據《文匯報》統計，中國留學生人數已相當可觀。大概有一萬名就讀於新加坡國立大學、南洋理工大學、南洋理工學院、義安理工學院、共和理工學院、新加坡理工學院、淡馬錫理工學院；一萬名在提供語言與其他各種技能訓練的私立學校；一萬名在政府小學與中學。[9]（筆者按：數據目前僅止於此。事實上，新加坡官方的數據，以及其他的資料庫當中，能看到的留學生的數據是有限的。而有關移民在新加坡的統計，也沒有齊全的資料可以參考。）而據2018年內地新華網披露的數據[10]，新加坡的中國留學生人數已超過5萬人，是中國留學生第七大目的地，僅次於美加英澳日韓。

有的中國留學生獲得新加坡政府、公司、社團的獎助學金。同時，也有越來越多的中國學生是自費在新加坡留學的，因為中國的中產階級家庭益愈壯大。在新加坡國際化的教育領域裏，中國留學生成為佔比最大的外籍學生之一。2005年，新

8. 潘星華：〈我國的中小學中國學生超過萬名〉，《聯合早報》（新加坡），2000年9月30日。

9. 〈新加坡爭攬中國學生〉，《文匯報》（香港），2005年9月5日。

10. 〈新加坡2020人口普查數據最新解讀：留學生赴新意願加強〉，《騰訊網》，2021年6月21日，見https://new.qq.com/omn/20210621/20210621A0216800.html

加坡共有33,000名中國學生，8,000名馬來西亞學生，8,000名印尼學生。傳統上新加坡外籍學生的最大來源在馬來西亞與印尼這兩個鄰國，中國新移民浪潮改變了這個版圖。[11]

從1990年代開始，新加坡政府給中國留學生提供的獎學金，分為SM1、SM2、SM3 三個項目。最早設立的是SM3，1992年開始，遴選中國一些特定大學的學生，前來修讀新加坡國立大學、南洋理工大學的理工科學位。1990年中期開始，SM1從中國城市的一些特定中學，遴選已完成中國九年義務教育、15至16歲的中學生，到新加坡的高中與初級學員就讀。SM2在1997年開始，在中國各省的一些頂級高中，選出理科生，年齡大概17歲至18歲。每個項目每年人數從100增加到200與300之間，但近年人數有所下降。SM3在2011年被取消，但SM1 與 SM2目前還是繼續着的。累積起來，大概有15,000至20,000名中國學生，通過這些獎學金項目，進入新加坡的教育系統。[12]

學業表現與文化特徵

中國留學生的生活空間與學習環境，其實存在着清晰的社會與文化界綫。他們從中國帶來的文化特徵與生活習慣，迥異於本地學生與其他外籍學生。此外，他們當中不少學業表現優異，引起其他學生的注意。

---

11. Sandra Davie, "Foreign Students in Singapore: A Class Apart," *Straits Times* (Singapore), 3 December 2005.

12. Yang Peidong , "Understanding Youth Educational Mobilities in Asia: A Comparison of Chinese 'Foreign Talent' Students in Singapore and Indian MBBS Students in China," *Journal of Intercultural Studies*, 39(6) (2018), 722–738.

他們在新加坡經歷平行融入，雖然新加坡與中國的學校制度有所區別，但他們的學生身份維持不變。對於很多的中國留學生來說，在新加坡學習所需投入的費用，佔了父母收入與積蓄的大部分。他們覺得，這樣的平行融入雖然比中國花費更大，卻是值得的，因為這是階段性的，父母與小孩代際之間資本的再生產，終將換成其他類型的資本，讓他們爬上社會的階梯。

為了確保資本類型能夠轉換，許多中國留學生，尤其在中小學修讀的，都投入時間在學習上。在移民軌跡上，他們首先要克服英語障礙，以便在課室學習暢通無阻。根據早於2002年的報章報導，17名在小學六年級的畢業會考考獲最佳成績的學生當中，就有6名是中國留學生。其中引起熱烈討論的是，中國留學生的出色表現能否也帶動本地學生成績的提升。[13]

對於中國留學生的表現，本地社會反應不一。有的稱羨和認同，有的質疑和排斥。[14] 在中國留學生與本地學生之間存在着的距離，體現了他們的融入問題。然隨着時間的推移，許多例子證明，他們融入在地的程度逐漸提高，跨國聯繫相對減少。

一所學校的調查

筆者曾經在2007年8月採訪新加坡一間國際學校，為了隱私，這裏將該校簡稱為IS學校。中國留學生在這所國際學校

13. Chua Mui Hoong, "Foreign Bright Sparks Help Kids Here Shine," *Straits Times* (Singapore), 18 February 2005.

14. Tracy Quek, "China Whiz Kids: S'pore Feels the Heat," *Straits Times* (Singapore), 13 February 2005.

佔了相當重要的比例。在這所學校修讀的收費每年大概為新幣12,000元，包含學費與考試費。在新加坡的教育環境裏，國際學校的學費是遠遠超越政府學校的學費。[15]

IS學校的師資陣容相當國際化，老師來自不同的國家。它按照國際標準，給學生提供中學教育，為大專教育打好基礎。它給學生作好準備，應付新加坡劍橋初中（O Level）考試、新加坡劍橋高中（A Level）考試。另外，它的學生也可以攻讀澳洲大專預科班、IB（International Baccalaureate）課程，BTEC高等教育大專課程（商業）。這些課程與考試都獲得國際承認，所以它的學生可以準備申請就讀新加坡或世界各地的大專學府。

IS學校容納大概700名至750名外籍學生，來自二十多個國家，包括中國、越南、泰國、印度、緬甸、韓國。中國學生佔了該學校學生總數的20%–25%。這一章的調查，採訪了該學校40名中國學生。他們需要回答一份問卷，裏面共有65條問題，分成六組：（1）個人資料、（2）家庭背景、（3）中國聯繫、（4）在地網絡、（5）日常活動、（6）未來方向。除了問卷，也對他們進行了深度訪問。

問卷調查顯示，在新加坡中學就讀的中國留學生當中，並沒有多大的性別差異。40位受訪學生當中，16名是男生，24名是女生。年齡最小的在1991年出生，最大的在1987年出生；所以在2008年，他們介於17歲與21歲之間。他們的家鄉分佈在中國沿海與內陸省份——廣東、福建、浙江、上海、河北、

---

15. 研究所得信息取自數個管道，包括自1999年開始與中國留學生的接觸，以及報章雜志的資料。此外，也採用了2007年8月在新加坡某間中學進行的問卷調查、2008年7月對中國留學生的深度訪問。雖然至今相隔十年，但經過反復跟目前情況參照相比，留學生的背景與心態大致相同。中國留學生與新加坡外國人才引進計劃，見 Peidong Yang, "'Foreign Talent': Desire and Singapore's China Scholars" DPhil dissertation, (University of Oxford, 2014).

表5.1　學費來源

來源	人數
家庭	40
中國政府	–
新加坡政府獎學金	–
新加坡政府貸學金	–
新加坡社團獎學金	–
新加坡社團貸學金	–
其他	–
總數	–

山西、陝西、湖北。他們這樣的家鄉多元性，跟中國新移民的其他成員是一致的，但跟傳統華僑社會有所差別。二戰前的華僑，主要來自廣東、福建兩省。[16]

　　表5.1揭示，所有40位受訪學生都依靠家庭支付他們在新加坡的學費，而沒依賴中國政府、新加坡政府獎貸學金或新加坡社團獎貸學金。這與新加坡大學情況形成強烈的對比，許多留學新加坡大學的中國學生都有獲得新加坡的獎助學金的。表5.2顯示，這些受訪學生99.5%的生活費來自家裏，0.5%來自兼職打工的收入。

　　他們沒有過多的依賴獎助學金，其中一個原因是他們處身於中產階級家庭。根據表5.3，絕大多數的學生（22位）的家庭每月收入超過人民幣一萬，也有不少的學生家庭每月收入介於人民幣5,000–9,000（5名）和人民幣4,000–4,999（6名）。他們

---

16. 新加坡傳統華人社會的論著，參閱 Cheng Lim-keak, *Social Change and the Chinese in Singapore: A Socio-Economic Geography with Special Reference to Bang Structure* (Singapore: Singapore University Press); Yen Ching-hwang, *A Social History of the Chinese in Singapore and Malaya, 1800–1911* (Singapore: Oxford University Press, 1986).

表5.2　生活費來源

來源	百分比
家庭	99.5
獎學金、貸學金	–
兼職	0.5
總數	100

表5.3　在中國的家庭每月收入

每月收入（人民幣）	人數
無收入	0
低於1,000	0
1,000–1,999	0
2,000–2,999	3
3,000–3,999	4
4,000–4,999	6
5,000–9,999	5
高於10,000	22
總數	40

前來新加坡留學，其實就是家庭跨國策略的體現，希望一代人的收入投進下一代的教育，為了創造更美好的將來。

40位受訪學生，無論來自哪個城鎮或出身什麼階層，他們不一定就將新加坡視為求學最理想的國家。從對他們進行的深度採訪，他們最嚮往留學的國家是美國，其次是英國、澳洲、新加坡。[17] 他們來到新加坡求學，是因為受到資源所限。雖然家

17. 事實上，從整個中國學生出國留學的歷史來看，美國始終是最受喜歡的國家。參閱程希：《當代中國留學生研究》，香港社會科學出版社，2003版。陳向明對當代美國波士頓地區中國學生進行了深度的研究：陳向明：《旅居者和「外國人」：留美中國學生跨文化人際交往研究》，湖南教育出版社，1998年版。

庭能運用的資本能支撐他們在新加坡的學費與生活費，但又不足於應付美英所需。一般而言，中國最頂尖的學生會獲得美英學校的獎學金。留學新加坡的中國學生，在離散全球的中國學生群體當中，成績不一定就數一數二。

就像其中一位受訪學生所說的，新加坡是一個「過渡」的地方，尤其針對中學階段而言。由於新加坡是中西文化交匯處，新加坡成為進入大學深造之前，可以讓他們改進學習的環境。在新加坡，他們可以將經濟資本轉化為英文能力與學位文憑等文化資本，而這些文化資本有助於下一階段的價值提升。

受訪者第6號說：

來新加坡讀中學，是我爸爸給我作的決定。主要是考慮到，這裏的華人比較多，不會是一個完全陌生的地方。來到這裏後，上課是用英文進行的，但到學校外面買東西，或者跟人溝通，有時候是可以用普通話的。可以說，這裏有一個緩衝的過程，慢慢地，英語也學上來了。

所有40位受訪學生都有家人在中國；38名有父親，39名有母親，20名至少有一名兄弟，9名至少有一名姐妹。另一方面，很少受訪學生在新加坡有家人；2名有父親，1名有母親，1名至少有一名兄弟，2名至少有一名姐妹。這意味着，家庭關係讓他們維持跟中國的連接，但沒有多少家庭關係讓他們與新加坡更為密切。

調查結果顯示，他們平均每年回國兩次。回國的時間，不是趁着農曆新年，而是根據學校假期而定。他們與中國那邊的家庭的聯繫，通常借助電訊傳媒。每個月，他們平均撥打10.9次電話回家，每次平均26.3分鐘，寄五封電郵給家人。

表5.4　每日閱讀的新聞

新聞報道內容	百分比
中國	67.9
新加坡	18.8
他處	13.3
總數	100

表5.5　融入在地社會最大的障礙

障礙	學生人數
語言問題	21
學習以外的空閑時間不够	14
文化習俗	5
總數	40

受訪者第31號説：

我爸不大管我的，但我媽要求我經常跟她保持聯繫，要跟她彙報每周的學習怎樣了，每次的考試有沒有進步，早飯有沒有記得吃，幾乎所有的細節都要跟她説，她也是出於關心我吧。

他們關心內地發生的事情，多於注意新加坡發生的事情。表5.4顯示，他們每日閱讀的，67.9%的內容有關中國，18.8%的有關新加坡，13.3%有關他處。其中原因，在於他們跟中國仍然保留各種各樣的關係，也在於他們跟新加坡社會關係不緊密。但這是相互的，他們不關心新加坡的新聞，也阻礙了融入在地社會的進程。

表5.5顯示，絕大多數受訪學生（21位）認為語言問題是融入在地社會最大的障礙。另外有的覺得最大的障礙是學習以外的空閑時間不够（14位）、文化習俗的差異（5位）。值得思考

表5.6 新加坡中學畢業以後前往那裏深造

計劃	學生人數
繼續在新加坡	12
回去中國	7
前往其他國家	21
總數	40

表5.7 新加坡中學畢業以後在新加坡有什麼打算

計劃	學生人數
深造	5
工作	7
不會留在新加坡	28
總數	40

的是，新加坡1980年代統一四種語文源流學校，數十年之間已經成為一個英語使用至上與至廣的國家。在這樣的語境當中，中國留學生的中文能力與中國知識所構成的文化資本，在新加坡沒有多大用武之地，沒有多大轉換的價值。反之，他們幾乎必須從頭學起英文英語，爭取新的文化資本。

受訪者第29號說：

我們這幾位來自中國的學生，常常都會在一起討論功課，或者說點別的，在一起的時候都說普通話，很自然的。也沒有跟本地的學生交到朋友，國際學校沒有多少位學生是本地的。但我們知道英文是很重要的，不管以後是在這裏上大學，還是到其他國家上大學，英文都必須夠好。平時也沒時間去外面認識其他朋友，因為要做作業，照顧好學習。

表5.6至5.10綜合來看，得見中國留學生的未來方向。完成目前的中學教育後，只有12名受訪學生打算繼續留在新加坡，7

表5.8　在新加坡打算居留多少年

年	學生人數
1–3	3
4–5	2
6–10	3
越久越好	0
不會留下	28
不知道	4
總數	40

表5.9　新加坡學習畢業以後中國有什麼打算

計劃	學生人數
深造	0
工作	8
不會回去中國	32
總數	40

名願意返回內地，但有多至21名想要前往其他國家（表5.6）。
當被問及在新加坡中學畢業以後在新加坡有何打算，28名不會
留下，7名想要找工作，5名想深造（表5.7）。即使有打算留在
新加坡，他們想要的居留期間也不長；只有1名想越久越好，
3名想居留1–3年，2名4–5年，3名6–10年（表5.8）。對於他們
來說，中國也不見得理想。在新加坡完成中學教育後，32名不
想回去中國，8名想回去中國謀職，但沒有一位是想要回去中國
大學深造的（表5.9）。21名想前往中國與新加坡以外的國家，
他們當中有17名想深造，4名想工作（表5.10）。

　　中國不一定就期望它的所有留學生回來服務，而新加坡卻
在某個程度上爭取吸納外籍學生以助經濟發展。對於中國留學
生的批評，很多圍繞「將新加坡當作跳板」的看法，認為他們
終將為了更好的機會而轉去他國。

表5.10 　如果有打算到別的國家去，最想做的是什麼

計劃	學生人數
深造	17
工作	4
總數	21

　　在受訪學生當中，有一位否認本地社會對中國留學生的刻板形象。他認為，中國留學生的存在有利於新加坡，也有助於學生本身，因為學生可以從學校獲得知識與學位，而新加坡可以從中取得人才，也通過學費得到經濟效益。

　　這位學生來自上海。他說，在上海的出國留學廣告裏，最常看到的宣傳是「新加坡不僅僅是黃金跳板」。其實，在完成學業後，新加坡也可以成為他們的工作環境、生活空間、安家地方。當被問及如何形容他與新加坡的關係，這位學生形象化地回答：

> 我會比較喜歡把自己當做蜜蜂，把新加坡當做採蜜的花園。我可能會到其他的國家去採新的花蜜，但我也有可能留在這裏，繼續製造蜂蜜。我可能會在這裏建立我的蜂巢，但也有可能會到別的地方去建立。這都要看哪個地方能提供我最好的條件建立我的家。

個案與概況

　　為數不少的中國學生出國學習，反映了中國的社會與經濟變遷。1978年改革開放後，許多家庭富裕起來，掌握各種可以運用的資源，不但父母能夠進行跨國的活動，而且小孩可入讀外海外的學校。中國國內高考的巨大壓力，也使得父母與小孩想要尋找一個學習相對寬鬆的環境。此外，外國的文憑，在中

國內地的職場上，也有一定的含金量。[18]中國留學生，大多前往歐美、澳洲的國家，以及新加坡，這些國家積極發展國際教育，吸納外來人才。

有關新加坡的中國留學生的身份認同，一些學者所進行的研究發現，跟這一章的論析大致相同。其中一篇文章，在 2011 至 2012 年期間，採訪了 49 位在新加坡政府中學與大學就讀的中國留學生，也確認了留學生的「過渡」狀態，多元認同。[19]新加坡這樣一個高度全球化的地方，使得這些學生獲得全面的信息與機會，在考慮深造、工作、移民等問題的時候，都會從各個角度衡量，不會局限於某一個國家。

結語

中國留學生的特殊性，突顯於新移民群體當中，也顯著於外籍學生裏。在從中國到新加坡的移民軌跡上，中國留學生展現了資本類型、融入進程、跨國主義方面的特徵。具體來說，由於還在中學的階段，這些學生的流動性相對很高，很有可能會到別的國家深造。在新加坡的語境，他們的身份暫時界定為外籍學生。他們的未來動向，還在不斷展開可能性，可能會成為新加坡的定居者，或擺盪為過客，去他處過別的生活。

18. Ma Yingyi, Ambitious and Anxious: *How Chinese College Students Succeed and Struggle in American Higher Education* (New York and Chichester, UK: Columbia University Press, 2020).

19. Yang Peidong, "Understanding Youth Educational Mobilities in Asia: A Comparison of Chinese 'Foreign Talent' Students in Singapore and Indian MBBS Students in China, "*Journal of Intercultural Studies, 39*(6) (2018), 722–738. 也可參閱 Yang Peidong, "Understanding 'Integration': Chinese 'Foreign Talent' Students in Singapore Talking about Rongru," *Transitions: Journal of Transient Migration, 1*(1)(2017); 29–45.

顯然，投資在他們教育的資本，還在不斷累積，成效還未見形。直到他們學業完畢以後，才知道資本能否轉化成其他的資源。那些從中國攜帶前來的經濟資本，在新加坡轉為知識與技能方面的社會資本。雖然這個過程需要花費很長的時間，但他們為了明天積極儲存資本以獲得學位與地位。由於他們在新加坡的身份仍然是學生，生活空間大多局限於學校，社會交往大多建立於同學，所以他們經歷着平行融入。他們的跨國連接，主要是家庭關係，得力於通訊科技的便捷。

　　中國或新加坡，哪個會成為他們的歸宿，還是言之過早。這取決於眾多因素的綜合，而且這些因素會隨着時間改變。但可以肯定的是，他們會選擇在能夠讓各種類型資本發揮最大功能的地方生活。

6

媽媽：陪讀階段的掙扎

政策改變得比我們想像的還要快。我們的陪讀媽媽朋友當中，有的不得不回到中國老家，因為他們的小孩在這裏讀完中學後，沒有被錄取進入初級學院就讀。幸好我的女兒能夠進去初級學校，所以我能留在新加坡。我希望她能最終考進新加坡的一所大學，畢業後能在這裏找到一份工作。唯有這樣，我才可以繼續跟我女兒在一起。我相信她在這裏能有更好的未來。（第2號受訪者，44歲）

當我跟第2號受訪者說話的時候，她在廚房裏正忙着燒菜，她的女兒在臥室裏寫作業。由於經濟拮据，為了節省開支，她跟其他兩位陪讀媽媽合租一套政府租屋；總共三個臥室，每間住着一位陪讀媽媽與一位留學生。第2號受訪者述說的個人故事，其實也是中國陪讀媽媽在新加坡的普遍經歷。她們的社會經驗與融合途徑，清楚地顯示部分女性移民如何受到移民政策與國別標籤的影響。在進入在地社會的曲折過程裏，陪讀媽媽常常被賦予負面的刻板印象。

挪用「公民性」概念，可以提供新視野觀照陪讀媽媽在新加坡的境遇。這一章，檢閱有關「公民性」的分類，探討它如何影響陪讀媽媽在新加坡的融入渠道。接着，解釋如何對一群陪讀媽媽進行採訪與問卷調查。然後，透過訪問所得材料，從移民前的背景、在地的接收語境、未來可能的前景切入，呈現陪讀媽媽如何被約束在新加坡國家結構與母親角色高度期待之間。最後，將陪讀媽媽與世界他處的移民女性進行比較。

公民性與融合

公民性（citizenship）的論述源自作為城邦的古希臘，隨後經歷長時間的演變。[1] 在現代的語境，民族國家（nation-state）作為強大的體制，給公民性的內涵進行了嚴謹的界定，賦予給國民（nationals）特殊的公民法律權益、社會福利、經濟權利，以便促進人民與政府（state）的關係（Marshall 1964）。[2] 然而，1990年隨着冷戰秩序的消解、全球化的濫觴，國家疆界變得模糊，外國人與外來移民進來與國民一起，圍繞着政府而工作、生活。[3] 其中的問題，在於國民的本地身份認同相對牢固，而非公民從故鄉帶來了其他的文化習俗。因此，爭議圍繞着公民性的特質應該如何建構、公民性的資源應該如何享有等問題而產生。政府必須訂制新的策略，以便處理非公民的存在，同時厘清公民的權益。

國際移民與族群關係專家Tomas Hammar提出，在一個外來移民構成重大影響的社會裏，有必要將在地人口分為外國人（alien）、居民（denizen）、公民（citizen）三大群體。[4] 在人口譜系的一端，公民享有完整的政治、經濟、社會權益。在另一端，外國人則沒被賦予這些權益。介於公民與外國人之間，居民沒有享有多大的政治權益，但有權享有一些社會權益。可以說，在政府的關係上，居民比外國人更處於有利的位置。

---

1. Gershon Shafir, "Introduction: The Evolving Tradition of Citizenship," in Gershon Shafir (ed.), *The Citizenship Debates: A Reader* (Minneapolis and London: University of Minnesota Press, 1998), pp. 1–28.

2. T.H. Marshall, *Class, Citizenship and Social Development: Essays, with an introduction by Seymour Martin Lipset* (Garden City, N.Y.: Doubleday, 1964).

3. Stephen Castles and Alastair Davidson, *Citizenship and Migration: Globalization and the Politics of Belonging* (New York: Routledge, 2000).

4. Hammar Tomas, *Democracy and the Nation-state: Aliens, Denizens and Citizenship in a World of International Migration* (Aldershot, U.K.: Avebury, 1990).

據2010年的人口調查顯示，新加坡是具有代表性的移民社會，以為其境內具有數量可觀的非公民。為了討論方便，在新加坡的人口結構內，永久居民證（permanent residence）持有者可以歸類為「居民」，而工作證（work permit）、僱員證（employment pass）、學生證（student pass）持有者可以視作「外國人」。非公民當中，永久居民可以長期留在新加坡，外國人逗留期則較短，取決於公司與學校的條例。總的來說，永久（alien）居民與非公民的合法身份，完全由政府決定。

　　在進入在地社會過程，也在成為公民的歷程當中，外國人與居民都必須努力爭取法律上的接受、社會上的認同。世界其他地方的研究顯示，與在地主流社會的融合往往不是直線而順利的，所以許多學者倡議分層融入（segmented assimilation）概念的使用，認為這樣更能反映顯示。分層融入的角度，揭示了融入在地場域的多種可能的管道；有的移民向上，有的平行，有的甚至向下，在各個社會階層處身與流動。[5]

　　分層融入的發生，是因為移民前後兩地空間的資源都不平均。具體來說，在前移民的脈絡當中，移民所能轉移的錢財、技能、知識，以及他們移民的原因，都是影響融入渠道的因素。在後移民的語境當中，階級與種族的分階、政府的政策、勞動市場的情況、公眾的態度意識、族群的力量與身份，則是決定融入途徑的原因。[6]

5. Alejandro Portes and Zhou Min, "The New Second Generation: Segmented Assimilation and Its Variants among Post-1965 Immigrant Youth," *The Annals of the American Academy of Political and Social Sciences, 530* (1993): 74–96; Alejandro Portes and Ruben G. Rumbaut, Immigrant America: A Portrait (Berkeley, CA: University of California Press, 1996); Alejandro Portes and Ruben G. Rumbaut. *Legacies: The Story of the Immigrant Second Generation.* (Berkeley, CA: University of California Press and Russell Sage Foundation, 2001); Mary C. Waters, "Ethnic and Racial identities of Second-generation Black Immigrants in New York City," *International Migration Review 28* (1994): 795–820.

6. Min Zhou and Yang Sao Xiong, "The Multifaceted American Experiences of the Children of Asian Immigrants: Lessons for Segmented assimilation," *Ethnic and Racial Studies, 28* (6) (November 2005): 1119–1152.

中國陪讀媽媽陪同孩子就讀新加坡學校的前幾年，不能謀求工作，加上新加坡國民
對他們的負面印象，令她們實際上成為徘徊在主流社會外面的「外國人」。

在新加坡遭遇向下融入，除了低收入工人，還有陪讀媽媽。陪同孩子就讀新加坡學校的前幾年，陪讀媽媽不被允許在新加坡謀求工作。另外，由於一些加諸於他們身上的負面印象，陪讀媽媽實際上是徘徊在主流社會外面的「外國人」。

問卷採訪與概念化

Huang 與 Yeoh 於2005年曾經採訪過20位中國陪讀媽媽。這群陪讀媽媽，為了孩子能獲得更好的教育，而選擇來到新加坡。根據他們的調查，「這些陪讀媽媽以過渡性寓居者

（transient sojourners）這樣的身份抵達，並且在新加坡維持這樣的狀態，她們的生命面對了持續性的挑戰，以及流動性」。[7]

本章嘗試脫離有關寓居者與定居性的傳統論述。[8] 所要進行的研究，是將陪讀媽媽放在公民性這一更為廣闊的語境當中，探究這些女性如何遭遇阻礙，未能有效地使用跨國策略，在當地結構裏規劃生活。在公民性爭議愈益尖銳化的新加坡，尤其在中國新移民的問題上，這一章企圖跟進最新的狀況。

筆者早於2012年3月至6月，採訪了35位陪讀媽媽。每一位陪讀媽媽，回答了一份調查問卷，並且接受3至5小時的深度採訪。由於可能涉及到一些有關公民性與社會分歧的敏感性問題，通常很不容易跟陪讀媽媽接觸，許多陪讀媽媽不願意跟她們圈子以外的人們交流。幸運的是，得到一位陪讀媽媽的幫助，她擔任這研究的採訪工作。通過她的網絡，很容易就找到了一群願意接受採訪的陪讀媽媽。35位陪讀媽媽敞開心懷，分享了她們的經驗、感情、情緒。她們的每一份採訪，都有錄音記錄，並轉成文字檔案。

問卷總共設63道問題，每一道題有多個選項。這些問題分成八大組別：（1）個人背景；（2）家庭背景；（3）來新加坡前的情況；（4）跟中國的聯繫；（5）新加坡的在地網絡；（6）每天的工作

---

7. Shirlena Huang and Brenda S.A. Yeoh, "Transnational Families and Their Children's Education: China's 'Study Mothers' in Singapore." *Global Networks, 5* (4)(2005): 379–400.

8. Douw Leo, "The Chinese Sojourner Discourse," in Leo Douw, Cen Huang, and Michale R. Godley (eds.), Qiaoxiang *Ties: Interdisciplinary Approaches to 'Cultural Capitalism' in South China* (London and New York: Keagan Paul International, 1999), pp. 22–44; Wang Gungwu, "The Origin of Hua-ch'iao," in *Community and Nation: China, Southeast Asia and Australia* (St Leonards, NSW: Asian Studies Association of Australia in association with Allen & Unwin, 1992), pp. 1–10; Wang Gungwu, "Sojourning: the Chinese Experience." *Don't Leave Home: Migration and the Chinese* (Singapore: Times Academic Press, 2001), pp. 54–21.

表6.1　前來新加坡的原因

原因	人數
給孩子提供更好的教育	31
受到父母的鼓勵	0
接受朋友的建議	2
離婚後想換個環境	1
丈夫逝世後想換個環境	1
總共	35

與活動；(7) 未來發展方向。另外，還設有三道開放題：(1) 她們希望新加坡政府提供怎樣的幫助；(2) 她們希望新加坡主流社會如何對待她們；(3) 她們有怎樣難忘的經驗。

　　此外，這些研究的信息也來自筆者2007年認識的兩位陪讀媽媽。通過參與這兩位媽媽籌辦的多次家庭聚會與戶外活動，對陪讀媽媽在新加坡的境遇得到了更好的瞭解。

移民與公民脈絡當中的母親身份

　　附錄6.1（見頁101）是受訪的35位陪讀媽媽的基本信息。為了保護隱私，只提供她們的姓氏。她們全部都在21世紀首十年抵達新加坡；新加坡與中國1990年建交後，兩國之間的經濟與社會連接在這時候更為密切。35位陪讀媽媽當中，27位約40歲，5位約30歲，2位約50歲，她們都處在有工作能力謀求生計的年齡段。離開中國以前，只有2位是家庭主婦，其餘都工作，從事小生意、教育、會計、秘書、理髮。她們都在高等學府或中學接受過教育。抵達新加坡以後，她們必須面對的問題，是如何在不同的環境扮演母親角色，以及公民性的論述是否允許她們工作獲得收入。

移民前

所有的35位受訪者，在新加坡陪讀一位兒子或女兒就讀小學或中學。根據新加坡的移民條規，高等學府的外國學生無需陪讀媽媽在旁。她們在中國都有家屬——32位有父母、30位有兄弟姐妹、22位有丈夫、14位有其他小孩。因此，她們絕大多數都是跨國家庭的成員，跟中國的城市與鄉鎮的關係，就是家庭的關係。當她們的小孩在新加坡完成學業後，這樣的跨國家庭背景將會對她們的去留產生影響。

至於選擇前來新加坡的原因，她們必須從五個選項當中選出一個：(1) 給孩子提供更好的教育；(2) 受到父母的鼓勵；(3) 接受朋友的建議；(4) 離婚後想換個環境；(5) 丈夫逝世後想換個環境。表6.1顯示，31位陪讀媽媽選了 (1)；她們的母親角色進行了跨國遷移，主要是為了小孩的教育。只有2位是聽了朋友的意見，1位是因為離異，還有1位是因為丈夫逝世。

根據表6.2，這些陪讀媽媽的家鄉大多聚集在發展滯後的省份：遼寧、河南、山東、黑龍江、吉林、湖南、陝西、江西。這也就是為什麼她們想要到更好的地方，為小孩也為自己尋找更好的機會。這些貧窮省份，歷史上不是新加坡華人的祖籍地。新加坡華人的祖輩，主要在二戰前移民自福建、廣東兩省。[9] 因此，陪讀媽媽與新加坡華人之間的差異，不僅僅在於國籍上，而且在原鄉文化上，包括説普通話的口音。

---

9. Cheng Lim Keak, *Social Change and the Chinese in Singapore: A Socio-economic Geography with Special Reference to Bang Structure* (Singapore: Singapore University Press, 1985); Yen Ching-Hwang, *A Social history of the Chinese in Singapore and Malaya, 1800–1911* (Singapore: Oxford University Press, 1986).

表6.2 陪讀媽媽在中國的家鄉

家鄉身份	人數	家鄉經濟情況
遼寧	12	發展滯後
河南	5	發展滯後
山東	3	發展滯後
黑龍江	2	發展滯後
吉林	2	發展滯後
湖南	2	發展滯後
陝西	1	發展滯後
江西	1	發展滯後
北京	1	發展蓬勃
天津	1	發展蓬勃
上海	1	發展蓬勃
江蘇	1	發展蓬勃
福建	3	發展蓬勃
總共	35	

移民後

按照公民性的語境,陪讀媽媽可以歸類為「外國人」。相對於「公民」與「居民」,作為「外國人」的陪讀媽媽獲得新加坡國家結構與規劃裏最少的資源。根據新加坡的政策,「陪讀媽媽」的簽證性質依附於「學生證」,並且必須得到一位本地人(21歲以上新加坡公民,永久居民,或註冊公司代表人)的擔保。而且,所謂「陪讀媽媽」簽證界定了母親的角色專注於小孩的成長上:「陪伴和照顧她們在新加坡求學的兒女或孫子孫女」。[10]

---

10. Singapore Immigration and Checkpoints Authority website. "Female Visitor Whose Child/grandchild Is Studying in Singapore on a Student's Pass." http://www.ica.gov.sg/page.aspx?pageid=174 (accessed: 18 June 2014).

陪讀媽媽的位置與去向，完全取決於小孩在新加坡的身份。政策的制定與更改，來自「公民」與「居民」的擔保或取消，英語鑒定與其他考試，在在影響着陪讀媽媽與留學生的處境。英語是新加坡學校的媒介語，也是政府部門的使用語，對於來自中國的陪讀媽媽與學生來說，是需要跨越的一大門檻。

陪讀媽媽的存在與現象，始於2000年。那時候，新加坡政府開始將這島城建構成國際教育的中心，因此將教育系統開放給外國學生。[11] 根據新加坡移民局的統計，2006年新加坡有7,800名來自各國的外籍學生。[12] 雖然外來學生的國籍多元，但在本地公民與媒體日常使用的詞語當中，「陪讀媽媽」通常使用在來自中國的群體身上。由於政策沒有開放給「陪讀爸爸」，「陪讀媽媽」因此是高度性別化的命題。

「陪讀媽媽」境遇最關鍵的轉捩點，發生在2003年；新加坡政府開始禁止她們在到新加坡的第一年工作，第二年後可以工作，除了按摩院、酒館、Karaoke歌廳、小販中心、家庭幫傭。顯然，這項政策是針對民眾意見而調整的，因為許多民眾反映有相當數目的陪讀媽媽從事非法與賣淫等行業。大約30位陪讀媽媽，給中國大使館呈遞請願書，申訴工作規條對她們的約束，希望有更多空間謀求生計，更有能力支付小孩的學費（Sua and Deng 2006）。[13]

為了更好了解陪讀媽媽如何認知在地社會，就需要去知道她們在新加坡的社交圈子。表6.3顯示35位受訪者在新加坡結交了多少位朋友。顯然，她們傾向於認識中國朋友多於新加坡朋

---

11. Chua Mui Hoong, "Foreign Bright Sparks Help Kids Here Shine." *The Straits Times* (Singapore), 18 February 2005; Sandra Davie "Foreign Students in Singapore a Class Apart." *The Straits Times* (Singapore), 3 December 2005.

12. Tracy Sua and Deng Fern, "Who Owes Them a Living?" *The Straits Times*, 9 July 2006.

13. 同上。

表6.3　您在新加坡有多少位朋友？

朋友人數	來自中國的朋友	新加坡朋友
沒有	–	7
1–5	16	19
5–10	11	7
超過10	8	2
總共	35	35

表6.4　在融入在地社會最大的障礙是什麼？

	人數
語言問題	18
時間不够	2
文化與生活差異	8
新加坡人對中國人的刻板印象	28

友。有7位受訪者甚至沒有結交任何新加坡朋友。這從主流社會
孤立起來的狀態，原因在於她們在融入過程當中碰到阻礙。表
6.4顯示，絕大多數（28位）的受訪者認為，新加坡人對陪讀媽
媽的刻板印象，構成最大的融入障礙。其他的障礙是「語言問
題」（18位）、「文化與生活習慣差異」（8位）。

　　45歲的受訪者第7號，提到在地社會根深蒂固的負面認知：

> 我覺得，新加坡人是打心眼裏瞧不起陪讀媽媽的。我來到
> 新加坡不久，就感覺到他們對我們陪讀媽媽的印象如此惡
> 劣。我記得有一天，有一個人跟我當面説：「你們陪讀媽
> 媽就是壞女人，搶別人的老公，當妓女。」我覺得非常氣
> 憤。也許真的有些陪讀媽媽在幹着見不得光的事，但絕對
> 不是每一位陪讀媽媽都是那樣的。（受訪者第7號）

　　受訪者第18號（42歲）指出，社會對陪讀媽媽的接受度，
是使得她們尋找工作困難的另一原因：

雖然政府允許陪讀媽媽可以在來到第二年開始工作，但我們也會碰到另一個障礙，就是本地人是如何看待我們，本地職場是如何接受我們。很多老闆都拒絕了我的工作申請，跟我說，原因是他們認為陪讀媽媽常常會很快就辭職不幹。另外，也有的老闆說陪讀媽媽都不會說英語。但是，我在中國是有學習英語的，而且願意不斷改進我的語言能力。他們至少應該給我們一次機會。我們所有人都應該被本地人給個機會改善我們的處境。

當被問到如何看待公民性的分類，受訪者（39歲）說：

我當然希望能獲得永久居民的身份。現在來說，最務實的作法，是讓我的女兒最終獲得本科生的學位，然後在這裏找到工作。這將會幫助到她申請永久居留權。如果她成為永久居民，那我就可以永久居民的家屬身份留下來。那麼，這就會有助於我找到工作，以及我們需要的資源。但是，我懷疑這是否有助於我們被本地社會接受。哪怕我們在證件上成為公民，我們不一定就被視為公民。我們還是會被認為不一樣的，被認為是外來者。

與此同時，有的陪讀媽媽進行寫作，成為湧現的新移民文學的一部分。貫穿這些陪讀媽媽小說的主題，是她們都繞不開本地的尷尬境遇，以及這些本地問題影響了她們的跨國關係。小說裏的主角，掙扎於主流社會的夾縫，沒有獲得多少本地的男女接受。她們覺得窘迫，因為被當成只會給本地社會帶來負面影響的外來者。她們想盡辦法爭取「永久居民」或「公民」身份，認為這是讓她們脫離困境的唯一方法。[14]

---

14. 憫舟：《陪讀媽媽》，玲子傳媒，2003年版；喜蛋：《百合：中國母親在新加坡的情緣》，創意圈出版社，2005年版；蕭蕭：《路在何方：陪讀媽媽的真實故事》，玲子傳媒，2004年版。

作為一個接受移民的國家，新加坡經常需要調整移民的政策與管治。可以說，新加坡對移民的處理是有選擇性的容納，因為必須補救國民的下降生育率，也需要刺激經濟的發展。政府的議程與規劃裏，不斷在整合着外國人、永久居民、已轉成公民的人士，以便給在地的人口提供勞工、專業人士、商人、投資者所能帶來的資源。

然而，就像前面幾章所提及的，外國人與居民在新加坡構成了顯著的存在，引起公民的關注。雖然政府認為移民有利於社會與經濟的發展，但部分公民持有不同的看法。這些公民認為，移民在職場、中小學校、大專學府上就是公民的競爭者。無論外國人與居民是否已經轉成公民，許多套在移民身上的負面刻板印象依然存在。

外來移民，成為新加坡總理李顯龍2010年國慶群眾大會演講的其中一個重要議題。與「外來移民」並列為重大課題的，還有「住房」與「教育」。從群眾對此演講的反映來看，絕大多數人都關注政府如何管制外來移民存在，以及如何解決他們帶來的問題。[15] 在臉書與Twitter等社交媒體，在日常生活當中，新加坡民眾都經常提起外來移民。許多人建議，提高永久居民的申請條件、收緊接受外來移民的條規，甚至拉開公民與永久居民權益方面的距離。[16]民眾對外來移民的抵觸情緒，使得政府採取行動，給公民提供更多的空間與資源。在這樣的公民性論述與趨勢當中，陪讀媽媽的處境就更不如從前了。

---

15. "Singapore Must Remain Open But Citizens Come First," *The Straits Times*, 31 August 2010.

16. J.A. Yong, "Immigration Top Concern: Amy Khor." *The Straits Times*, 2 September 2010.

新移民為新加坡國民帶來住房資源問題，使得絕大多數人都關注政府如何解決他們帶來的問題。圖為新加坡的公共房屋。

可能的未來方向

收緊以後的公民性，體現了新加坡公民身份的堅實化。陪讀媽媽被夾在制度的隙縫裏，如果要從密集而專注的母親身份稍微轉移，出來進行更多的經濟與社會動作，就必須依靠公民性的結構與制度上的新變化。當被問及對新加坡政府的期待，受訪者第8號（46歲）說：

> 如果政策對陪讀媽媽能夠更為寬鬆一些，那就更好了。新加坡希望我們能夠來到這裏求學，也是希望我們能把從中國帶來的錢花在這裏。我們不被允許工作，但我們還是有空閒的時間。我們都是40來歲的人，還是有能力有經驗給社會做出貢獻的。但在這裏，我們只能在家裏燒菜、搞衞生，上網看新聞看娛樂。而且，我們沒交到真正喜歡我們

的新加坡人。如果我們被允許工作，我們就會有同事。這樣就會促進新的瞭解，而不是歧視。

當然，在地的主流社會當中，有的人不一定就贊同應該給陪讀媽媽提供多少的資源援助，多少的工作空間。以下是一位讀者在新加坡發行量最大的英文報紙上發表的言論，相當地反映了普遍民眾的看法，即陪讀媽媽對自己窘境負責，而且只能靠自己面對未來：

> 雖然我能夠理解陪讀媽媽面對的難題，但說到底是她們自己決定要讓小孩到新加坡讀書的，她們不能應付這裏昂貴的生活水平，不能怪罪於任何人。根據估計，一個小孩在這裏從小學一年級讀到中學四年級需要一百萬人民幣（新幣208,800）。因此，她們只好幹些不道德的行為，或者採取節約的方法，例如與小孩住在在過度擁擠的空間裏。最後，如果大人不能承擔開支，受罪的還是小孩。兩年前，當聽到有關陪讀媽媽「借用」小孩來偽裝身份以便在新加坡工作的新聞，社會嘩然一片。在那之前，我們聽到有的陪讀媽媽賣淫，有的在按摩院做下流的工作，也有的在婚姻介紹所註冊以便找新加坡男人⋯⋯也許是時候讓移民局實施更為嚴謹的標準了，以鑒定每一位申請者都有經濟能力留在新加坡。一個有充足收入的人，比較不會從事惡劣的勾當，以及犯罪行為。[17]

事實上，公民與移民之間的隔閡，是新加坡政府面對的一大挑戰，需要在照顧國民並促進經濟的前提下，思考如何在公民、居民、外國人之間合理地分配資源。就像*The Economist*（《經濟學人》）2013年的觀察：

---

17. Edmund Lin, "Have Stricter Pre-entry Checks for Study Mamas." *The Straits Times*, 5 October 2008.

根據白皮書的估計，新加坡每年需要增加15,000名到25,000名的新公民，並且在2030年達到50萬至60萬的「永久居民」、230萬至250的外籍人士。那麼，生活在新加坡的人口當中也許少於一半是本地出生的。有些公民懷疑，有關經濟模式的持續成長是否可以既依靠移民又幫助移民。沒有人提供另外一個解決方案。但新加坡政府現在必須顯示，它不但可以管好新加坡經濟，而且能夠回答這樣的問題：它的成功是為了什麼，以及為了誰？[18]

這一章的採訪揭示，35位陪讀媽媽目前的狀態是過渡性的，以後如何，取決於移民政策是否會所有更動，以及她們是否能輔助孩子在新加坡的學業。從以下幾位陪讀媽媽的談話來看，最有可能的未來方向是她們回到中國，而孩子留在新加坡。

> 當我女兒長成18歲或19歲的時候，她就能自立了，那我就回去中國。目前來說，我們別無選擇，只能待在新加坡過着這樣的生活。（受訪者第27號，49歲）

> 希望我的兒子能留在新加坡。我相信他在這裏有更好的未來。至於我，我希望自己也能在這裏發展事業。但等我老了，我會回去中國。（受訪者第32號，49歲）

> 我希望我能陪着孩子到他長大，我會努力給他提供一個穩定的生活環境（受訪者第35號，39歲）

相對來說，中國留學生融入新加坡社會問題不大，但陪讀媽媽能否重新適應中國社會則存疑。社會學家與文化理論家Stuart Hall認為，國際移民益愈揭示的現象是，不是每個人都能

---

18. "Despite a 'National Conversation', Many Singaporeans Feel the Government Does Not Listen," *The Economist*. 2 February 2013.

順利回到家鄉的語境當中。[19] 根據巴基斯坦女性移民的案例研究，城市人類學 Pnina Werbner 指出，跨國移民脈絡裏互相博弈的規則與期待導致雙重意識的產生，而這雙重意識不是回到家鄉就可以修正的。[20] 陪讀媽媽回到中國又是怎樣的一個情況，值得另外展開研究。

世界各地的移民母親

陪讀媽媽在新加坡的案例，與世界各地的移民母親，可以進行富饒意義的比較。在跨國軌迹與在地現實的經歷裏，她們之間存在着共同性與差異性。

這一章的研究揭露，新加坡政府期待陪讀媽媽全神關注作為母親的角色與任務，而不能在家庭以外求職。這就扣合了 Hays 所説的「密集母親性」（intensive motherhood）——「需要心力每天培育小孩，聆聽小孩，理解小孩的需求與嚮往，滿足小孩的希望，將小孩的幸福安置於母親的便利之前。」[21]

19. Stuart Hall, "Minimal Selves," in L. Appignanesi (ed.), *Identity: The Real Me, Post-modernism and the Question of Identity* (London: ICA Documents 6, 1987), p. 44.

20. Pnina Werbner, "Mothers and Daughters in Historical Perspective: Home, Identity and Double consciousness in British Pakistanis' Migration and Return.," *Journal of Historical Sociology,* 26 (1) (March 2013): 41–61.

21. Sharon Hays, *The Cultural Contradictions of Motherland* (New Haven, CT: Yale University Press, 1996), p. 115.

另外，Christopher（2012, 75）補充：「密集母親性意味着母親始終將孩子的需求放在自己的需求之上。」[22] 北美的研究顯示，密集母親性呈現上升的趨勢。[23]

許多移民母親都把自己的孩子與家人留在家鄉。在美國與台灣，韓國媽媽、拉丁美洲女性勞工、菲律賓女性勞工的跨國母親角色值得注意；為了補償不在家裏的空虛，這些移民母親經常給家裏寫信、打電話，寄錢給孩子上更好的學校、買更好的東西。[24] 迥異於這些跨國母親的作為，中國陪讀媽媽在新加坡的情況可以更具體被看作是「移植母親角色」（transnational mothering）。她們在新加坡陪伴小孩，並且在這裏花費絕大多數的資源，支付他們的學費與生活費。

陪讀媽媽被夾裹在新加坡的社會階層與公民分群裏，原因在於體制性的局限，防止了社會性再生產的跨國轉移。與此形

---

22. Karen Christopher, "Extensive Mothering: Employed Mother's Constructions of the Good Mother," *Gender & Society, 26* (1) (February 2012): 73–96.

23. Terry Arendell, "Conceiving and Investigating Mothering: The Decade's Scholarship," *Journal of Marriage and the Family, 64* (4)(2000): 1192-1207; Ori Avishai, "Managing the Lactating Body: The Breast-feeding Project and Privileged Motherhood," *Qualitative Sociology* 30 (2007): 135–152; Susan J. Douglas and Meredith W. Michaels, *The Mommy Myth* (New York: Free Press, 2004,; Garey Anita, *Weaving Work and Motherhood* (Philadelphia: Temple University Press, 1999); Angela Hattery, *Women, Work, and Family: Balancing and Weaving* (London: Sage, 2001); Sharon Hays, The Cultural Contradictions of Motherland; Cameron L. Macdonald, "Manufacturing Motherhood: The Shadow Work of Nannies and Au Pairs," *Qualitative Sociology, 21* (1)(1998): 25–53.

24. Yu-Jin Jeong, Hyun-Kyung You, and Young In Kwon, "One Family in Two Countries: Mothers in Korean Transnational Families." *Ethnic and Racial Studies, 37*(9) (2014):1546–1564; Pierrette Hondagneu-Sotelo and Ernestine Avila, "'I Am Here, but I Am There': The Meanings of Latina Transnational Motherhood." *Gender & Society, 11* (5)(1997): 548–571; Rachel Salazar Pareñas, Rhacel, Servants of Globalization: Women, Migration and Domestic Work (Stanford, CA: Stanford University Press, 2001); Pei-Chia Lan, "Maid or Madam? Filipina Migrant Workers and the Continuity of Domestic Labor." *Gender & Society, 17* (2) (April 2003): 187–208.

成強烈對比的是，一些國家政策允許女性移民擔起家庭女傭的工作，調整着國際勞動的分配。[25]

當然，在所有的國家裏，政府都應該發揮最大的功能，管治全球化對在地市場的衝擊，以及其所帶來的移民工人與公民之間的緊張關係。[26] 在新加坡，政府的規劃界定了陪讀媽媽的密集母親角色，導致了社會的隔閡，而不是職場上的競爭。

除了體制上的局限，身份認同在相互關係上也影響着陪讀媽媽進入新加坡的社會脈絡。其他可以借鑒的例子，可以在台灣的菲律賓女傭看到，Cheng指出：「身份認同的掙扎，雖然在某些方面有所進展，但也帶來各種不均勻，包括性別、種族、階級、公民性方面，在迎接或輸送勞工的國家都是如此。」[27]在新加坡，比較不一樣的地方，在於陪讀媽媽更加被以國別標籤來辨識。雖然新加坡華人社會與陪讀媽媽在文化淵源有些相同之處，但中華人民共和國1949年的建立、新加坡1965年的獨立，帶來了深遠的國家認同建構、迥異的國別文化發展。[28]

---

25. Shu-Ju Ada Cheng, "Rethinking the Globalization of Domestic Service: Foreign Domestics, State Control, and the Politics of Identity in Taiwan." *Gender & Society, 17* (2) (April 2003): 166–186; Noeleen Heyzer and Vivienne Wee "Domestic Workers in Transient Overseas Employment: Who Benefits, Who Profits?" in Noeleen Heyzer, Geertje Lycklama a Jijehoolt, and Nedra Weerakoon (eds.), The Trade in Domestic Workers: Causes, Mechanism and Consequences of International Migration (Kuala Lumpur: Asian and Pacific Development Center, 1994); Rachel Salazar Pareñas "Migrant Filipina Domestic Workers and the International Division of Reproductive Labor." *Gender & Society, 1*4 (4) (2000): 560–80; Thanh-Dam Thruong, "International Migration and Social Reproduction: Implications for Theory, Policy, Research and Networking.," *Asian and Pacific Migration Journal*, 5 (1) (1996): 27–52.

26. Grace Chang, *Disposable Domestic: Immigrant Women Workers in the Global Economy* (Cambridge, MA: South End, 2000); Christine B.B. Chin, In Service and Servitude: Foreign Female Domestic Workers and the Malaysian Modernity Project. (New York: Columbia University Press, 1998).

27. Shu-Ju Ada Cheng, "When the Personal Meets the Global at Home: Filipina Domestics and Their Employers in Taiwan." *Frontiers: A Journal of Women Studies, 25* (2) (2004): 32–33.

28. Chiew Seen Kong, "From Overseas Chinese to Chinese Singaporeans," in Leo Suryadinata (ed.), *Ethnic Chinese as Southeast Asians, edited by Leo Suryadinata* (Singapore: Institute of Southeast Asian Studies, 1997); ,pp. 211–227.

身陷新加坡的在地現實，中國陪讀媽媽的流動性與跨國性逐漸在減少。顯然，她們並不屬「跨國資產階級」，有別於那些全球游走的亞洲高端人才與家庭。[29] 與那些來自香港而有北美身份的「太空人」家庭相比，陪讀媽媽在新加坡能動用的資源顯得更為稀少。事實上，亞洲其他地方的精英人才與中產階級，無論是媽媽或其他家庭成員，都比較能夠在跨國經驗中取得向上的融入，也給孩子創造更有把握的學業未來。[30]

結論

某些國家在移民移入的問題上見證了「人才浪費」（brain waste），因為移民無法運用從他們在原籍國家已經習得的訓練與技巧。例如，2008年的美國，大概有130萬大專畢業學歷的移民無法找到工作，或者只能以「非技術勞工」（unskilled labor）的身份，從事洗碗工、保安人員、的士司機的工作。有的研究報告指出，整合性的移民政策能夠解決人力資本（human capital）的嚴重浪費問題。[31] Sumption進而確認了一個需要克服的障礙：

29. Leslie Sklair, *The Transnational Capitalist Class.* (Oxford: Blackwell, 2001).

30. E Ho and Bedford R., "Asian Transnational Families in New Zealand: Dynamics and Challenges," *International Migration, 46*(4) (2008): 41–62; Aihwa Ong, *Flexible Citizenship: The Cultural Logics of Transnationality* (Durham, NC: Duke University Press, 1999); Mary C Waters, "Ethnic and Racial identities of Second-generation Black Immigrants in New York City, " *International Migration Review, 28* (1994): 795–820; BSA Yeoh, Huang S and Lam T., "Transnationalizing the 'Asian' family: Imaginaries, Intimacies, and Strategies Intents." *Global Networks 5* (4)(2005): 307-15; Min Zhou, "'Parachute Kids' in Southern California: The Educational Experiences of Chinese Children in Transnational families," *Educational Policy, 12* (6)(1998):682–704.

31. Jeanne Batalova and Micahel Fix with Peter A. Creticos, *Uneven Progress: The Employment Pathways of Skilled Immigrants in the United States* (Washington, DC: Migration Policy Institute, 2008).

外國訓練的專業人士，在所在國勞動市場裏，經常難以好好地使用他們的技能與經驗。有幾個原因阻止他們在相關領域當中使用他們的專業知識，例如，當地僱主可能不想承擔風險，去僱傭一個擁有陌生資格的人，或者聘請一個沒有本地經驗的人。移民可能擁有相關的職工技術，但沒掌握相關工作所需要的語言。[32]

從某個角度來看，陪讀媽媽在新加坡，有可能是人才浪費、向下融入的現象。以上的討論現實，有相當多的陪讀媽媽在中國得到很高的學歷，並且擁有豐富的工作經驗，但在新加坡落得處在低端階級。在地的體制與社會接受度，對她們並不完全敞開。政策要求她們只能全神專注於密集母親角色，不讓她們在抵達後第一年工作，而第二年開始只能從事某些有限的工作。另外，她們偏低的英語水平阻礙了知識與技能轉移到在地工作與社會關係上。主流社會對她們的負面刻板印象，也使得她們不容易融入。

她們小孩的前景，比她們樂觀。應該說，在新加坡向上融入的過程中，或接着前往他處發展的道路上，她們小孩需要較少的時間，經歷較少的痛楚。新加坡政府應該採取更為整合性的政策，減少陪讀媽媽的人才浪費問題，減低她們孩子成為人才外流的可能。

---

32. Madeleine Sumption, *Tackling Brain Waste: Strategies to Improve the Recognition of Immigrants' Foreign Qualifications* (Washington, DC: Migration Policy Institute, 2013), p. 1.

附錄6.1：2012年受訪陪讀媽媽基本資料

號	姓	年齡	家鄉	教育水平	離開中國前工作	抵達新加坡年份
1	劉	36	遼寧鞍山	大專	幼兒園老師、稅務局職員	2007
2	張	44	黑龍江哈爾濱	大專	小生意	2006
3	李	40	遼寧瀋陽	大專	小生意	2008
4	馮	42	遼寧瀋陽	大專	會計師	2008
5	黃	35	福建長樂	中學	家庭主婦	2008
6	臧	42	山東青島	中學	金銀加工企業、餐館老闆	2003
7	劉	45	山東烟台	大專	小生意	2008
8	韓	46	河南開封	中學	會計師、保險公司主任	2005
9	王	47	天津	大專	小生意	2009
10	夏	45	黑龍江佳木斯	大專	銀行職員	2005
11	張	43	遼寧瀋陽	大專	銀行職員、公司財務主管	2007
12	李	44	遼寧瀋陽	中學	公司財務主管、小生意	2007
13	施	40	遼寧瀋陽	大專	會計師	2007
14	陳	43	遼寧瀋陽	中學	小生意·傳銷、老師	2008
15	孫	44	山東濟南	大專	小生意	2007
16	徐	41	江蘇蘇州	大專	服務員	2005
17	王	41	陝西西安	大專	秘書	2003
18	陳	42	上海	中學	五金店老闆	2005
19	林	43	福建福州	中學	家庭主婦	2005
20	王	45	河南鄭州	大專	行政人員	2006
21	劉	42	遼寧大連	中學	小生意	2008
22	陳	48	遼寧瀋陽	大專	秘書、幼兒園老師	2004
23	周	54	北京	中學	小生意	2008

號	姓	年齡	家鄉	教育水平	離開中國前工作	抵達新加坡年份
24	孟	46	吉林	中學	小生意	2008
25	施	39	遼寧瀋陽	大專	商店促銷員	2008
26	王	42	河南南陽	中學	理髮師、美容師	2009
27	李	49	吉林	中學	小生意	2005
28	雷	41	湖南長沙	大專	小生意	2006
29	範	38	湖南長沙	大專	保險經紀、房屋經紀	2007
30	陳	41	福建南安	中學	小生意	2007
31	童	54	遼寧瀋陽	大專	小生意	2006
32	張	49	河南鄭州	中學	小生意	2007
33	林	37	河南南陽	中學	秘書	2007
34	劉	41	遼寧鞍山	中學	電力局讀表員	2006
35	賴	39	江西贛州	中學	公司行銷主管	2008

7

作家：主體性質的多元

就連貓也與中國的不同，公寓樓下百步一遇的貓，是敞開肚皮毫不設防地躺着，看見生人非但不躲，還衝她『妙妙妙』地叫了好幾聲。

（若丹）[1]

對我而言，生活就是一種冒險，因此，抵達遠比回歸更有意義。

（哈金）[2]

本章探討新加坡中國新移民的文學作品，主要目的在於了解他們的文字如何反映移民主體性的離散化現象。首先，有關主體性和華人離散族裔的概念，會進行扼要的釋義和處理。接着是對新移民文學作品的歸納與分析。本章欲要提出的論點是：中國新移民在新加坡的主體性出現了離散化的狀況，而其中比較具體的有在地化、原鄉化、全球化三種趨勢。最後，新移民文學和其主體性，會放在離散文學和歷史脈絡當中進行總結。

在跨越實體與虛擬疆界的時候，異域想像的醞釀、原鄉情感的持續、生命價值的體悟，成為移民和準移民的自然而必然的經歷。個體與群體的認知，在各種熟悉和陌生的圖像交替衝擊和洗刷下，不斷地在進行構建與重構。這些歷程，新移民作家在新加坡的文字書寫都有所反映。

---

1. 惆舟：《陪讀媽媽》，玲子傳媒2003年版，第12–13頁。
2. 江迅：〈文學奧運領軍人物，哈金寫出文化中國〉，《亞洲周刊》，2008年7月20日，第25頁。

上述第一段引文描述，作為來自中國的陪讀媽媽，若丹在新加坡得到的初步印象如此美好，這個島國的動物彷彿以一種比故鄉更為舒適的方式在生活着。然而，這個小說主角在同樣也是陪讀媽媽的作者憫舟的情節安排下，後來遭遇到兩地巨大差異底下一次又一次的挫折。小說裏理想的幻滅、現實的考驗，折射了中國新移民在新加坡的各種歷程和境遇。

第二段引文揭示，英文小說屢獲文學大獎的哈金談到生活與移民的關係，在離別中國和定居美國多年後，確認了終點比起點重要。當然，沒有任何一個固定的移民模式和價值體系，在多元化的離散族裔當中，可以成為單獨的適用標準。家庭、國家、市場的坐標游移不定，離散族裔一直追逐理想、調整目標，主體性也因此不斷重組。

主體性與離散族裔

主體性，不是主權性。[3] 它是一個不斷受到外部滲透和內部構建的體系。主體性，是人們如何展示其群體核心特質的方式，是他們如何認同這種展示方式的自我屬性，也是他們如何適應和抵抗他者加諸自己身上印象的能力。主體性不但涵蓋集體特性的再現，而且也包括個體對該集體再現的認同和抗拒。在正式場合和公共場域，主體性體現在群體精髓的自我表述、我族和他者的距離程度、自我形象的喜好等方面。在比較不正

---

3. 回到英文等稱subjectivity，主體性的含義尤為清楚。Foucault認為subject有兩層意思：「因為控制和依賴而附屬於他人，以及因為道德良心和自我認知而緊守自己身份」（subject to someone else by control and dependence, and tied to his own identity by a conscience or self-knowledge）。參閱A. Gupta and J. Ferguson (eds.), *Culture, Power, Place: Explorations in Critical Anthropology* (Durham, NC: Duke University Press, 1997).

式的情境中，它出現在身體展示、對強勢體制的抉擇和參與、對朋友和敵人的認定等方面。[4]

在移民的個體與集體當中，堅持固定度與精純度的文化本質論根本難以站穩腳步，而推崇變通性與多元性的文化建構論卻提供可以依據的方向。這是因為從原鄉離散開來之後，移民就進入多元族群和多元文化的語境裏頭。離散族裔最現實的體驗，往往是儘管處在全球的流動脈絡，仍然在本地架構當中集體地遭遇到附屬和邊緣狀態。[5] 多元文化縱向和橫向的互動所帶來的衝突和妥協，也因此造就了移民主體性的雜糅成分。[6] 這種新穎的元素，跟原鄉和居留地的固有文化相比，顯得有點另類，而進入主流是許多移民期待達到的目標。

在原鄉情結、跨國網絡、在地融入所交錯形成的張力之中，離散族裔受到家庭、國家、市場三大機制的影響。[7] 儘管所掌控的各種資本有可能協助到家庭策略的實施、市場動態的追隨，但離散族裔所面對最大課題仍然來自國家體制。就像Paul Brodwin説的：

> 離散族裔的主體性也受到本地影響。取決於國家如何管制公民權的條件、本地社會分類概念如何對新來的外人分配價值，跨國離散族裔會在同一個時候以各種方式被接納和

4. Jean Lave, Paul Duguid, Nadine Fernandez, and Erik Axel, "Coming of Age in Birmingham: Cultural Studies and Conceptions of Subjectivity," *Annual Reviews of Anthropology, 21* (1992): 257–281.

5. Karen Fog Olwig, "Cultural Sites: Sustaining a Home in a Deterritorialized World," in Karen Olwig and Kristen Hastrup (eds.), *Siting Culture: The Shifting Anthropological Object* (London: Routledge, 1997), pp. 17–38.

6. Lisa Lowe, "Heterogeneity, Hybridity, Multiplicity: Marking Asian American Differences," in Jana Evans Braziel and Anita Mannur (eds.), *Theorizing Diaspora: A Reader* (Malden, Oxford: Blackwell, 2003), pp. 132–159.

7. Donald M. Nonini and Aihwa Ong, "Chinese Transnationalism as an Alternative Modernity," in Aihwa Ong and Donald M. Nonini (eds.), *Ungrounded Empires: The Cultural Politics of Modern Chinese Transnationalism* (New York and London: Routledge, 1997), p. 23.

被排斥着。他們會接受或抵抗他人的排斥，而帶來不同的後果。因此，他們的主體性在很大程度上受到最靠近身邊的國家和社會的影響，也受到脫位的跨國過程的衝擊。[8]

在整理華人移民的脈絡，本文採用「離散族裔」這個詞匯，並認同其代表的涵義。傳統慣用的「華僑」、「海外華人」，因為含有中國大敍事的思維邏輯，而罔視華人當中有許多是以居留地為本位的客觀現實。[9]

開始的時候有些學者排斥將「離散族裔」套用在中國以外的華人身上，因為這個詞匯曾經非常狹義地用來形容擁有狂熱的復國興國想望、超強的經濟壟斷實力、緊張的族群共處關係的猶太人。[10]

然而，隨着學界有關移民理論的擴展和修正，許多離開原鄉的群體都被稱為離散族裔，被放置在離散族裔的範式來檢閱，離散族裔的類型也因此而多元化起來。[11] 何況，離散族裔

---

8. Paul Brodwin研究的是海地離散族裔，但其對於離散主體性的認知可以應用在許多族群當中。Paul Brodwin, "Marginality and Subjectivity in the Haitian Diaspora," *Anthropological Quarterly, 76* (3) (Summer, 2003), p. 406.

9. 「華僑」詞義及其使用，見Wang Gungwu, "The Origin of Hua-Ch'iao," in Wang Gungwu, *Community and Nation: China, Southeast Asia and Australia* (St Leonards, NSW: Asian Studies Association of Australia in association with Allen & Unwin, 1992), pp. 1–10; Wang Gungwu, "Sojourning: The Chinese Experience" in Wang Gungwu, *Don't Leave Home: Migration and the Chinese* (Singapore: Times Academic Press, 2001), pp. 54–72; 華僑論述，見Leo Douw, "The Chinese Sojourner Discourse" in Leo Douw, Cen Huang, and Michale R. Godley (eds.), *Qiaoxiang Ties: Interdisciplinary Approaches to 'Cultural Capitalism' in South China* (London and New York: Keagan Paul International, 1999), pp. 22–44.

10. Laurent Malvezin, "The Problems with (Chinese) Diaspora: An Interview with Wang Gungwu", in Gregor Benton and Hong Liu (eds.), *Diasporic Chinese Ventures: The Life and Work of Wang Gungwu* (London & New York: RoutledgeCurzon, 2004), pp. 49–60; Wang Gungwu, "A Single Chinese Diaspora?" in Gregor Benton and Hong Liu (eds.), *Diasporic Chinese Ventures: The Life and Work of Wang Gungwu* (London and New York: RoutledgeCurzon, 2004), pp. 157–177.

11. Robin Cohen, *Global Diasporas: An Introduction* (London: University College London Press, 1997); Nicholas Van Hear, New Diasporas: The Mass Exodus, Dispersal and Regrouping of Migrant Communities (London: University College London Press, 1998). 有關如何概念化離散族裔的深入探討，見James Clifford, "Diasporas," *Cultural Anthropology, 9*(3) (1994): 302–228.

理論對移民路線上各個地理據點的認同、對文化本質論的評判、對族群性吸納程度的肯定，恰恰是華人移民的真實寫照，也直指這一章所要探討新移民文學的多元性。

本地化、原鄉化、全球化

意識會隨着身體而移動，但也會分散在某些特定的地方，發酵成為記憶或想像。1990年後中國新移民在新加坡的人數逐漸增加，新移民作者隨之在當地報章和文學刊物發表文章，當中也有的單獨出書，有的則合集出版。儘管新移民作者是否已在新華文壇登入殿堂、新移民文學這個說法能否成立尚無定論，但他們的文字與文學無疑再現了離散族裔的歷史性與階段性。他們的主體性受到多方面的影響，也顯示多元的發展方向，其中可以確認的有本地化、原鄉化、全球化三種。

按照先前討論的分層融入脈絡，新移民作者可以分為三類。第一類是資源比較充裕的報館編輯、記者、學校老師、企業家，他們在向上融入的過程當中比較可以隨心所欲。第二類是平行融入的學生，他們在新加坡的中學和大學裏修讀。第三類是資源窘迫、向下融入的陪讀媽媽。由於資源與境遇不同，本地化、原鄉化、全球化在新移民各類作家的作品當中得到不同程度的體現。

本地化，是新移民文學最鮮明的特質、最強烈的欲望。就是因為還未完全抵達，還未完全得到當地社會接納，新移民文學作品充滿了本地化過程當中碰到的疑惑與痛苦。其中最有代表性的是有關陪讀媽媽的小說。這類小說的作者很多自己就是陪讀媽媽，可以說是身體寫作的實踐者。處在被狹窄化後的生活空間，文字也是被壓抑下的鬱悶，主體性遭遇到夢想幻滅後的破碎。

本文開頭引文的小說《陪讀媽媽》，作者憫舟，原名陳華，祖籍福建長樂，1969年出生，文學學士，曾為圖書管理員、教師、雜志編輯、報社記者、情感熱綫主持人，2001年來到新加坡，後成為新加坡永久居民，現從事寫作。小說裏的陪讀媽媽初來乍到的美好感覺，和後來不得不從事苦差的殘酷現實，形成强烈的反差：

> 這是一種從未想像過、從未經歷過的生活。每天天剛亮，若丹就要搭地鐵上工。若丹一早睜着渴睡的眼，看到的是與自己初來時截然不同的新加坡。總管是凶的，工房是熱的，這種熱，不是一般的熱，是不透一絲氣的苦悶的咬人的蒸熱，熱得再容不下任何思想，熱得無法集中精神，熱得讓人無緣無故地直想發一頓脾氣，從前的一切恍若隔世之夢。[12]

前世與今世的差別，其實就是中國與新加坡的距離，也是本地化的現實性。值得注意的是，儘管本地化帶來向下融入的趨勢，但是許多陪讀媽媽小說都正面肯定了本地化的必要性，也因此而很少出現對當地政策和社會的嚴厲批判。

除了憫舟《陪讀媽媽》，同類小說還包括喜蛋《百合：中國母親在新加坡的情緣》（新加坡：創意圈山版社，2005）；蕭蕭《路在何方：陪讀媽媽的真實故事》（新加坡：玲子傳媒，2004）。喜蛋，原名戴凱，1968年出生於黑龍江，1980年遷居河北秦皇島，1988年考入中國銀行秦皇島分行，2002年辭去銀行職務旅居新加坡，目前為新加坡如切翰林書會會員、如切華語講演會助理文教副會長、業餘華文補習老師。蕭蕭，原名蕭青，曾用名蕭依蓮，大專專科國際貿易系畢業，2001年帶着六

---

12. 憫舟：《陪讀媽媽》，玲子傳媒，2003年版，第30頁。

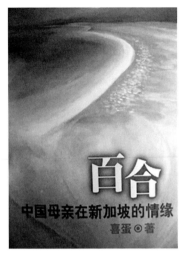

歲女兒來到新加坡，成為陪讀媽媽，曾多次在報章發表文章，
現為自由撰稿人。

　　比較罕見的例子是九丹的小說《烏鴉》。[13] 雖然這部小說
寫的不是陪讀媽媽，其採取的審醜寫作策略，即描寫了中國
女性在新加坡遭遇到肉體與精神上的雙重摧殘，也指涉了新
加坡不是所有移民者的天堂。[14] 作者九丹，江蘇揚州人，原名
朱子屏，1968年出生於江蘇，1990年從中國新聞學院畢業，分
配到廣西一家報社做記者，後辭職來到北京。九丹1995年留學

---

13. 九丹：《烏鴉》，長江文藝出版社2001年版。

14. 在繁多有關《烏鴉》的文學批評中，可參閱管興平〈頹廢、偷窺、欲望：棉棉《糖》、九
　　丹《烏鴉》、衛慧《我的禪》評析〉，《沙洋示範高等專科學校學報》2006年第3期，第
　　39–42頁；馬明艷：〈網絡時代的文學及女性話語權力：兼評九丹的《烏鴉》〉，《內蒙
　　古師範大學學報》（哲學社會科學版）第31卷、2002年12月第6期，第92–94頁；王茹華：
　　〈如「烏鴉」般悲哀──評九丹《烏鴉》中的人格面具和真我〉，《當代文壇》2002年第3
　　期，第65–67頁；朱崇科〈民族身體的跨國置換及身份歸屬偏執的曖昧〉，《中外文化與文
　　論》2008第2期，第224–235頁。

新加坡，在新加坡學習和生活五年後，於2000年回到中國，在北京一家周刊社做記者，業餘從事創作。1996年出版長篇小說《愛殤》，1999年在新加坡首次公開其個人小說《女人床》，2001年出版小說《烏鴉》、《漂泊女人》，2002年出版《新加坡情人》，2003年出版《鳳凰》，2005年出版長篇小說《小女人》。

是地獄也罷是天堂也罷，新加坡成為新移民想望和想像的投射目標。本地化的坎坷，夢想與現實的衝突，經常在國籍上具體化，在居留證上尖銳化，不管是在《烏鴉》，還是在以陪讀媽媽為題材的小說，都看得到這種新移民面對實體對象所帶來的無形障礙時的無奈、悲哀、或焦躁：

> 簽證是我們身體之外的一種生物，我們看不見它，它也看不見我們，但是一旦爬進我們的身體，它就能改變我們的膚色，我們的性格，它還能改變一個人的靈魂。[15]

> 這是若丹第三次注意到這個詞，PR —— 新加坡永久居民。第一次是在找工作，PR找工優先；第二次是在醫院裏，PR看病優惠，若丹對PR生出了嚮往之心。[16]

原鄉化，跟本地化比較，分量輕微。新移民作者面對的是更為急迫的在地現實，諸如住房條件、工作機會、社會關係等問題需要他們絕大關注。中國的種種原鄉化成為鄉愁，但已不像二戰前那樣原鄉情結可以輕易升級成為強烈的中國民族主義。[17]二戰前那種原鄉的感傷、山河的悲痛、國家的忠愛，在

---

15. 九丹：《烏鴉》，長江文藝出版社2001年版，第83頁。

16. 憫舟：《陪讀媽媽》，玲子傳媒2003年版，第30頁。

17. Yen Ching-hwang, "Overseas Chinese Nationalism in Singapore and Malaya 1877–1912," *Modern Asian Studies*, 16(3) (1982): 397–425.

新移民作家的作品裏減少了濃度與熱度。即使描寫回去或過去中國度假，更多的是作為旅客所拾得的閑適愜意。例如，何華在《上海驛站》的心情，是旁觀者的愉悅，不是歸人的渴慕：

> 走在上海的街道，面對一幢幢小洋樓，我常常虛擬它的歷史，解讀它每一扇窗、每一扇門、每一塊磚、每一個進進出出的人，我只能遠遠旁觀，然後在心中化成一道永恆的風景——有好山好水好風好月，而我樂在其中。[18]

何華，祖籍浙江富陽，生於安徽合肥，上海復旦大學中文系學士，新加坡國立大學中文系碩士。曾就職《安徽日報》、新加坡佛教居士林，現為八方出版社編輯。除《因見秋風起》外，何（華）曾出版《試遣愚哀》（北京：人民日報出版社，2004）、《買金的撞着賣金的》（新加坡：八方文化創作室，2007），都是散文集。

全球化，在新移民作者的寫作當中，是一種新穎的元素。不再把心靈眼球鎖定在中國，資源充裕的新移民作者在處理新加坡在地現實之餘，把視野和關懷面放諸全球。北美、歐洲、大洋洲的天文地理、人情風俗都進入他們的意識裏，化成文字。宣軒的遊記《逛逛東半球》、《逛逛西半球》，不僅僅

---

18. 何華：〈上海驛站〉，《因見秋風起》，創意圈工作室，2004年版，第12頁。

是足迹踏遍全球的寫照，也是不拘泥一方的反應。[19] 宣軒，上海作家協會會員，在上海當過教師、編輯、專欄作家、電台主持，任《少女》月刊常務副主編，1996年來到新加坡，在當地中學執教，曾在《聯合早報》連載小說，寫散文、故事，在中國和新加坡出版個人作品共16種。

另外一位作者余雲，皖南農村長大，上海戲劇學院戲劇文學系畢業，大約1992年來到新加坡，曾任教於上海戲劇學院和新加坡實踐表演藝術學院，為上海文化局和新加坡電台編寫舞台劇，在《聯合早報》寫專欄「看見」。

在世界的文化地圖上，余雲看到的是全球性所能夠帶來的滋潤，古今中外已無界綫、距離：

> 在充滿流行作家的年頭，讀了太多通俗文字之後，忽然有一個靜靜的假期沉潛於弗吉尼亞·伍爾芙詩意絕美的世界，這是難言的幸福。[20]

新移民小說當中，有少數是成功的企業家、專業人士。其中一位是孫俠，她多年從事油田開採行業，投資分佈全球，包括了中國與新加坡。她進行文學創作的時候，使用的筆名是「鈴鐺」。她是中國作家協會會員，新加坡南洋理工大學北京校友會會長，南洋國際俱樂部會長。2004年，在中國從商10年後，孫俠到南洋理工大學修讀工商管理碩士。她2016年出版的《鈴鐺詩選》，是她的第12本著作，也是她在新加坡出版的第

---

19. 宣軒：《逛逛東半球》，玲子傳媒，2007年版。

20. 余雲：〈重讀伍爾芙〉，《看見2000–2002》，聯合早報、八方文化企業公司2003年版，第39頁。

一本。[21] 詩集裏的作品，體現
了她對國家、世界、生命的感
悟。[22]

此外，喬周人是一位成
功的專業人士。他的《野心藍
圖：一個「工程大俠」的真情
告白》，是一部長篇紀實小
說。[23] 小說以中國海外留學生
經歷為背景，書寫新移民在新
加坡的奮鬥事迹。小說的男主
角，就是作者本身。在新加坡
的身份，從留學生到專業工程
師，然後成為商人，創辦了高峰公司。男主角參與了日本世界
博覽會、新加坡樟宜機場、非洲海水淡化廠的建設工程。

可以說，孫俠與喬舟人的文學書寫，體現了新移民作家在
新加坡的向上融入歷程。在他們的詩與小說當中，可以看到他
們突破在地障礙的途徑，以及放諸全球的視野。他們的主體意
識，同時建立在本土語境、跨國脈絡上。

有一本新加坡國立大學中國學生的散文和小說合集《北
雁南飛》，作者是忻航、秦黔、張惠雯。[24] 忻航，1976年生於
西安，16歲隨父母輾轉回到南方老家寧波，在那裏讀完三年高
中，1995年入浙江大學，同年考取獎學金來到新加坡國立大學

21. 李雅歌：〈畫經商夜寫詩：訪企業家、作家孫俠〉，《聯合早報》，2017年1月16日。

22. 鈴鐺：《鈴鐺詩選》，玲子傳媒，2016年版。

23. 喬周人：《野心藍圖：一個「工程大俠」的真情告白》，玲子傳媒，2015年版。

24. 忻航、秦黔、張惠雯：《北雁南飛》，健龍科技傳播貿易公司，1999年版。

修讀電子工程系。秦黔，上海出生，畢業於深圳中學及上海交通大學計算機系，在新加坡國立大學攻讀碩士學位。張惠雯，1978年出生於河南，1995年7月考入山東大學，同年11月赴新就讀於新加坡國立大學工商管理系。張曾獲新加坡雲南園大專文學獎和第一、二屆新加坡大專文學獎三項小說獎和一項散文獎，2003年和2005年蟬聯新加坡國家金筆獎中文小說組首獎，2004年獲新加坡國家藝術理事會贊助，赴海外進修西方戲劇和文藝理論課程，曾出版小說集《在屋頂上散步》。[25]

留學新加坡期間，忻航、秦黔、張惠雯等人的作品，顯示了平行融入的暫時狀態。在這樣流動着的脈絡中，他們的文字流露更多的是中國家鄉的思念、新加坡的思索、未來的理想與夢。

值得討論的，還有張悅然2006年出版的長篇小說《誓鳥》。[26] 雖然《誓鳥》由中國的出版社付梓，但其創作是在新加坡完成的，靈感源自張悅然留學新加坡經歷的大海嘯。在新加坡求學期間，張悅然延續其在中國的文學身份，跨國參與中國的文學生產。她1982年出生於山東濟南，2001年畢業於山東省實驗中學，考入山東大學修讀英語、法律雙學位，2003年赴新加坡國立大學攻讀計算機系，現居北京，專事寫作，擔任「鯉」系列主題書的編輯。來新加坡前，她已經在中國文壇佔得獨特的席位，被冠以「美女作家」和「玉女作家」等稱號，與韓寒和郭敬明等偶像作家齊名。

在小說《誓鳥》故事的開頭，張悅然寫到女主角春遲離開中國前，面對翻滾着各種可能性的遼闊南洋，春遲和其他少女投射了無限憧憬：

---

25. 張惠雯：《在屋頂上散步》（Singapore: Singapore Arts Council, 2006）。

26. 張悅然：《誓鳥》，光明日報出版社2006年版；上海文藝出版社，2010年版。

那時她們都還是姑娘，像果實一般站在樹梢上眺望，海洋不過是塊明媚的藍色花田，沒有什麼是真正遙不可及的。她們覺得生命那麼漫長，由無數黑暗的長夜組成，猶如一條幽仄的回廊，沒有盡頭。可是姑娘們錯了。每個人的生命都是一輪太陽，每個白晝的光比起前日都要黯淡一些，淙淙的太陽燒得太烈，所以光熱很早就耗盡了。（頁197）

儘管憧憬後來有所幻滅和修整，南洋始終仍然讓她們鍥而不捨，粉身碎骨也在所不惜。對於她們來說，海上的人際關係和生命跌宕，不是徒留餘恨的的海市蜃樓和滄海桑田，而是可以快意悲喜的滾滾紅塵。

小說裏有一個女性人物，名叫淙淙，在船上身當歌妓，專門侍奉船員和外國使者，荷蘭牧師嘗試規勸淙淙放棄海上的流離浪蕩，淙淙卻回覆：「我倒不覺得船上生活有什麼不好，我們可以認識許多有趣的人，他們拿我們當寶貝，送我們各種見都沒見過的稀罕禮物……每一天我們都在旅行，多麼快活」（頁167）。

張悅然處在21世紀初，面對全球化進一步在速度上提高和在面積上蔓延，現代性對其身體經歷和歷史想像更加進行了另一層的形塑，而她自己也參與行旅文化的生產構成。中國與世界的接軌，促成了她在新加坡的求學與行旅體驗。在這個多元文化高度而密集地碰撞的城市國家裏，她通過自己的方式認識東南亞的地理政治，也潛進了南洋的歷史想像當中。《誓鳥》就是其中一個示範。儘管某個程度上延續了以前作品的偏執和痴迷，但《誓鳥》更為體現一位女性作家對於南洋記憶的特殊提煉方式，其對地理文化和身份政治的流動性的認知，跟男性作家侵略性或防衛性的立場有所迥異。在《誓鳥》的南洋場域裏，女性換位成為主角，通過行旅消解了男性的歷史書寫。如果說男性歷史書寫著重權力與利益的面向，《誓鳥》的女性歷史書寫則觀照情愛和心靈，愛情成為行旅的首要理由和唯一准證，情愛深刻地穿越了南洋的種族、性別、宗教的重層界綫，解卸了身份與政治。

更準確地説，張悦然是少數體現跨國文學生產的新移民作家。其他在新加坡的新移民作家的創作、出版、讀者大多是在地的。

結語：離散文學的主體性

2008年*Time*為孟加拉裔英文小説家Jhumpa Lahiri進行了專訪。2000年獲得普立兹獎的Lahiri在英國倫敦出生，在美國羅得島、巴納德、波士頓等地生活過，目前在紐約。*Time*對她的文學表現給予高度肯定，認為她代表了當今美國小説界以外來移民作家為主調的新生代，有別於由美國本土作家領軍的上一代。她表露了現代離散族裔所持有的開闊心態：「這不一定就關係到我們在這裏所居住的房子，以及我們在這裏所結交的朋友。對於我們的生命來説，常常會碰到整個另類宇宙所提供的各種可能。」[27]

中國新移民作者逐漸進入新加坡華文文學場域，他們的過去和未來的多元性，似乎和美國文學的移民作家遙遙呼應。綜合前面討論，更具體地來説，新加坡語境裏的中國新移民作者展現了本地化、原鄉化、全球化三種特質。這些特質，離散化了他們的主體性。

---

27. Ley Grossman, "The Quiet Laureate," *Time*, 26 May 2008, p. 34.

新華文學的前史再現是南洋文學和馬華文學。作為離散文學的新移民文學，與已經根深蒂固的國族化新華文學相比，當然有着本位意識上的實質差別。那麼，跟新華文學的前史、新加坡獨立前的先驅作者所經營的文字對照，新移民文學主體性離散化的軌跡顯然也有迥異之處。1950年前的南洋文學和馬華文學，雖然在細小的隙縫中間斷萌出本土意識的芽苗，但仍然可以簡約而準確地劃為華僑文學，看似離散但實際從來沒有離散，所有文字書寫仍然以中國的種種為本位。[28] 1950年後中國在冷戰時代的孤立封鎖、居留國的國家構建計劃，使得馬華文學在政治文化上與中國文學脱鈎，分別進入馬來西亞、新加坡的國家論述和架構當中，展開的族群文學和國家文學的定位議論，恰恰也是華文族群始終思索的命題。[29]

　　雖然都可以放在離散文學的範疇，新移民文學的主體性是一個版本，新華文學的主體性則是另一個版本。新華文學已經繫住在新加坡國家文學陣營裏，但也面對再離散化和跨國化的可能性。[30] 新移民文學仍然處在本地化過程的啓動階段。它的原鄉化彷彿中國化，其實未必盡然。應該説，它正在逐漸脱離中國，徘徊在新加坡核心體制外，同時也思考着他處的空間。所以，新移民文學所同時進行的本地化、原鄉化、全球化，剛好就是當代離散族裔的現代境遇。[31]

28. Yow Cheun Hoe, *Antara China dengan Tanah Tempatan Ini: Satu Kajian Pemikiran Dwipusat Penulis Cina 1919-1957* (Between China and This Local Land: A Study of Dual-Centred Mentality of Chinese Writers in Malaya, 1919–1957). (Penang: Universiti Sains Malaysia Press, 2011).

29. 新移民文學當然也可以從族群性的角度切入，但應該另開單篇討論。有關馬華文學（含1965年前的新加坡華文文學）的族群和國家論述，見游俊豪〈族群與國家：20世紀的馬來西亞的華文作家〉，李元瑾主編《新馬印華人：族群關係與國家建構》，亞洲研究學會、Konrad-Adenauer-Stiftung，2006年版，第175–191頁。

30. 這其實與整個新加坡華人和國家的歷史進程有關。這方面的學術著作不勝枚舉，可以參閱的有崔貴強《新馬華人國家認同的轉變：1945–1959》，南洋學會1990年版; Edwin Lee, *Singapore: The Unexpected Nation* (Singapore: ISEAS Publishing, 2008).

31. Yow Cheun Hoe, "Global Capitalism and Diaspora in the Modern and Postmodern Era," *Cross-Cultural Studies, 12*, (2) (December 2008), pp. 43–64.

現代境遇的多元、流動、彈性，使得離散族裔的主體性不可能講究排他的主體性。移民的主體性不斷離散化，不停在經歷變易和更動，一直爭取和開拓能夠得到接納與肯定的空間。是痛苦地在多重邊緣間掙扎，還是自由地在各種疆域間游走，取決於移民手中資本的雄厚程度和轉移能力。由於離散族裔結構性的多元，所以主體性是分層和分裂的。原鄉、居留地、他處，不斷地在抵達和重訪。分別認同，同時存在。

8

結論

中國新移民在新加坡，既是現象，也是懸念。他們為數不少，攜帶來處的文化特徵，而且招引住處的刻板印象，主動地也被動地形成某個群體，某種本質主義的現象。在新加坡的日常生活，無論是社會互動、經濟領域、商業網絡、職業單位，還是教育體制上，在地的主流社會繞不開新移民的存在。圍繞着新移民的族群現象，許多懸念浮現，在國家架構與社會關係上，召喚更妥當的安置，更融洽的互動。

　　第一章，勾勒了中國新移民多重又多邊的身份。當他們在1990年開始湧入新加坡的時候，與之相對的是主要有華裔組成的在地社會。這些華裔，繁衍自二戰前漫長過程華商與華工的移民群體，雖然經歷過中國本位的民族主義熏陶，但二戰後四十年跟中國的連接逐漸疏遠，已經成為有自己核心思想的新加坡國族。中國新移民的身份，與新加坡主流社會的關係是多重的，一方面同屬華人作為種族論述的共同體，另一方面分屬新加坡與中國作為國族話語的群體。中國新移民，由於成員的背景繁複多元，所以在新加坡的舉動與活動，也是多邊進行的，跟在地社會各階層各領域認識互動。

　　互動即磨合的過程，產生了各種印象，以及認知的差異。第二章探討的刻板印象，當然出於非科學的歸納，對中國新移民的真實性不能以偏概全。無論是新移民作為族群的生活習慣，或者新移民作為個體的行為作風，主流社會有些人士對之持有的看法，顯示更多的是有待消弭的成見。這些刻板印象，需要主流社會與中國新移民協力合作打破，以便促進融合。

　　第三章的論析，指出中國新移民在新加坡的境遇，已經面臨結構性的推展。在進入新加坡的場域，新移民經歷着分層融入，分為向上、平行、向下的路綫，分佈在當地社會各個階層。由此可見新移民的構成是多元的，也可見結構性的管治是必要的。新加坡政策的調整，各種簽證、准證、永久居民身份的新條件，公民與非公民權益的新劃分，在在顯示國家資源在結構上進行重新分配，以求達到相對和諧的社會規範。

社會團體有助於保障會員的權益，新移民更加有此需要。第四章彙編的新加坡主要的中國新移民組織，分別有地緣、綜合性、校友會等幾種類型。新移民組織，給在地華社注入新的活力，不但促進會員之間的情誼，而且跨出族群進行更廣大的交流。在新加坡不斷深化全球化、中國逐漸發展現代化的語境裏，這些新移民組織搭建這橋梁。

留學生的過度性與流動性，在第五章通過案例研究進行討論。中國留學生經歷的平行融入，大多發生在學校課室裏，但未見輕易而順坦。英語為重的學習環境，課餘社交的時間不足，使得他們未能更進一步整合到在地社會裏。完成學業以前，他們在累積教育的文化資本。未來的方向會是如何，端視能否在新加坡或他國進行優化的資本轉移，實現理想的提升。

第六章揭示，陪讀媽媽的向下融入，實際起因於各類資本不能隨着移民而發揮作用。她們面對的難題，包括未能掌握英語英文、刻板印象形成的障礙、工作範圍的局限。她們從中國將母親角色轉移過來，卻又未能將職業能力在新加坡發揮。她們的掙扎，反映了移民陷入政策結構性的窘境。

有的陪讀媽媽通過寫作述説她們的痛苦，也有其他身份的新移民在文字展現別的話語。第七章的分析指出，中國新移民作家在新加坡也體現了各種分層融入的狀態。她們再現的原鄉化相對淡薄，在地化非常強烈，全球化相當明顯。這樣多元的體現，已經告別了二戰前南洋的華僑文學，扣合着現代性的語境。

的確，現代性與全球化，形塑着新移民的現象與身份。中國跟世界接軌，實行經濟的現代化，展示社會的現代性，新移民走向全球各地，體現了離散華人的新面向。與此同時，新加坡經濟的持續國際化，意味着它的全球化必須包括一個現代的中國，一個富強的中國，以及許多抵達入境的中國移民。

中國新移民必須面對現代民族國家的體制，以及與之相隨的國家話語與論述。這些不僅僅產生於新加坡的在地化歷程，也發生在跟中國的跨國關係中。新移民也許從個人與家庭出發，但也勢必跟社會、市場、國家進行互動，必須不斷調整步驟，重新劃定族群的界綫，思考族群的包容。這些懸念，一直牽動着移民與公民的命題，也必將如此。

後記

　　《新加坡與中國新移民：融入的境遇》，最後定稿，時序在2019年11月尾。

　　這時候，新型冠狀病毒在世界各地肆虐已超過半年，並且可能持續更長的一段時間，各國都在調整政策與制度，管控人口的流動與安頓。有人認為「逆全球化」已成為現實的語境，在很多方面修整着冷戰結束後長達30年的高速「全球化」。當中受到影響的，包括外來移民與在地公民，以及國家的發展。

　　面對這樣的疫情非常時刻，準備這本書的出版，不禁多了一份近憂遠慮。或者說，移民的規劃與管治，需要更周全的考量，包括短期與長期的各種因素。

　　雖然沒涉及疫情課題，這本書探討的移民如何整合融入在地脈絡、如何整合進國家結構等命題，卻是在此前與此後都是國家與社會不能忽略的。

　　這本書的修訂，大部分就在疫情期間進行，跟香港教育大學的羅金義緊密聯繫，通過電郵與網絡不斷溝通，順利完成。在此，必須特別感謝他的提出的寶貴意見，以及細心的編輯工作。

　　時間過得真快。羅金義第一次跟我聯絡，是2016年3月給我的電郵，邀請我在他主編的「東亞焦點叢書」出版專書。那時我們素未相識，熟絡後發現他做事認真，待人熱忱。有一次到香港參加學術研討會，跟他碰面相聚，發現他小時候竟然在馬來西亞霹靂州金寶度過，原來跟我是老鄉。

此外，也要特別感謝徐冠林教授、龍登高教授給這本書寫序。徐教授是新加坡南洋理工大學終身榮譽校長、原校長（2003-2011）、華裔館主席。龍教授是清華大學華商研究中心主任、清華大學社會科學學院教授。從他們身上，我學會了很多行政、治學的道埋。

這本書的主體是「中國新移民」、「新加坡」。感謝那些生活在我周圍的新加坡公民、中國新移民。就是由於你們的互動，對於族群印象、社會規範、國家體制，我方能有深入的多層認識。

游俊豪
2020年12月

參考書目

英文參考文獻

"A Sustainable Population for a Dynamic Singapore: Population White Paper" (Singapore: National Population and Talent Division: January 2013).

"Despite a 'National Conversation', Many Singaporeans Feel the Government Does Not Listen," *The Economist.* 2 February 2013.

"Singapore Must Remain Open But Citizens Come First," *The Straits Times,* 31 August 2010.

"The Limits to Dialogue," *The Economist,* 2 February 2013; The Economist website: http://www.economist.com/news/asia/21571159-despite-national-conversation-many-singaporeans-feel-government-does-not-listen-limits (accessed: 27 May 2013).

Aaron Low, "National Day Rally; Stricter Criteria to Help Level Playing Field: Tharman," *The Straits Times,* 17 August 2011.

Adam McKeown, "Conceptualizing Chinese Diasporas, 1842 to 1949," *Journal of Asian Studies 58*(2) (May 1999), p. 321, footnote 7.

Adrian Favell, "Rebooting Migration Theory: Interdisciplinarity, Globality, and Postdisciplinarity in Migration Studies," Caroline B. Brettell and James F. Hollifield (eds.), *Migration Theory: Talking across Disciplines* (Second Edition) (New York & London: Routledge, 2008), p. 271.

A. Gupta and J. Ferguson (eds.), *Culture, Power, Place: Explorations in Critical Anthropology* (Durham, NC: Duke University Press, 1997).

Aihwa Ong, *Flexible Citizenship: The Cultural Logics of Transnationality* (Durham, NC: Duke University Press, 1999).

Alejandro Portes, Luis E. Guarnizo, and Patricia Landolt, "The Study of Transnationalism: Pitfalls and Promise of an Emergent Research Field," *Ethnic and Racial Studies 22* (2) (Special Issue: Transnational Communities) (March 1999): 217237.

Alejandro Portes and Ruben G. Rumbaut, *Immigrant America: A Portrait* (Berkeley, CA: University of California Press, 1996).

Alenjandro Portes and Ruben G. Rumbaut, *Legacies: The Story of the Immigrant Second Generation* (Berkeley, CA: University of California Press and Russell Sage Foundation, 2001).

Alejandro Portes and Zhou Min, "The New Second Generation: Segmented Assimilation and its Variants Among Post-1965 Immigrant Youth," *The Annals of the American Academy of Political and Social Sciences, 530* (1993): 74–96.

Angela Hattery, *Women, Work, and Family: Balancing and Weaving* (London: Sage, 2001).

Barbara Schmitter Heisler, "The Sociology of Immigration: From Assimilation to Segmented Assimilation, from the American Experience to the Global Arena," Caroline B. Bretell and James F. Hollifield (eds.), *Migration Theory: Talking across Disciplines* (Second Edition) (New York & London: Routledge, 2008), p. 86 (83–111).

Benjamin Forest, "Mapping Democracy: Racial Identity and the Quandary of Political Representation," *Annals of the Association of American Geographers 91*(1) (2001): 143–166.

BSA Yeoh, Huang S and Lam T., "Transnationalizing the 'Asian' family: Imaginaries, Intimacies, and Strategies Intents." *Global Networks* 5 (4) (2005): 307–15.

Cai Haoxiang, "Bar Raised for Foreigners' Families Keen to Stay Here," *Business Times*, 11 July 2012.

Cheng Lim Keak, *Social Change and the Chinese in Singapore: A Socio-economic Geography with Special Reference to Bang Structure* (Singapore: Singapore University Press, 1985).

Cheng Xi, "Non-remaining and Non-returning: The Mainland Chinese Students in Japan and Europe since the 1970s," in Pál Nyíri and Igor' Rostislavovič Savel'ev (eds.), *Globalising Chinese Migration* (Ashgate: Aldershot, 2002), pp. 158–172.

Chiew Seen Kong, "From Overseas Chinese to Chinese Singaporeans," in Leo Suryadinata (ed.), *Ethnic Chinese as Southeast Asians*, edited by Leo Suryadinata (Singapore: Institute of Southeast Asian Studies, 1997); pp. 211–227.

Christine B.B. Chin, *In Service and Servitude: Foreign Female Domestic Workers and the Malaysian Modernity Project.* (New York: Columbia University Press, 1998).

Chua Beng Huat and Kwok Kian-Woon, "Social Pluralism in Singapore," in Robert W. Hefner (ed.), *The Politics of Multiculturalism: Pluralism and Citizenship in Malaysia, Singapore, and Indonesia* (Honolulu: University of Hawaii Press, 2001), pp. 86–118.

Chua Mui Hoong, "Foreign Bright Sparks Help Kids Here Shine." *The Straits Times* (Singapore), 18 February 2005.

Craig Calhoun, "Pierre Bourdieu," in George Ritzer (ed.), *The Blackwell Companion in Major Contemporary Social Theories* (Malden: Blackwell, 2003), pp. 274–309.

David Zweig and Chen Changgui, *China's Brain Drain to the United States: Views of Overseas Chinese Students and Scholars in the 1990s* (Institute of East Asian Studies, University of California: Berkeley, CA, 1995).

Dianne Schmidley, "Profile of the Foreign-born Population in the United States: 2000," *U.S. Census Bureau Current Population Reports, Series P23–206* (Washington, DC: Government Printing Office, 2001).

Don Mitchell, *The Right to the City: Social Justice and the Fight for Public Space* (New York: Guilford, 2003).

Donald M. Nonini and Aihwa Ong, "Chinese Transnationalism as an Alternative Modernity," in Aihwa Ong and Donald M. Nonini (eds.), *Ungrounded Empires: The Cultural Politics of Modern Chinese Transnationalism* (New York and London: Routledge, 1997), p. 23.

Douw Leo, "The Chinese Sojourner Discourse," in Leo Douw, Cen Huang, and Michale R. Godley (eds.), Qiaoxiang *Ties: Interdisciplinary Approaches to 'Cultural Capitalism' in South China* (London and New York: Keagan Paul International, 1999), pp. 22–44.

Eddie C.Y. Kuo, "Multilingualism and Mass Media Communication in Singapore," *Asian Survey, 18*(10) (October 1978): 1067–1083.

Edmund Lin, "Have Stricter Pre-entry Checks for Study Mamas." *The Straits Times,* 5 October 2008.

E Ho and Bedford R., "Asian Transnational Families in New Zealand: Dynamics and Challenges," *International Migration 46*(4) (2008): 41–62.

Esther Teo, "Chinese Foreigners Buy Fewer Homes Here," *The Straits Times,* 6 August 2012.

Frank.N. Pieke, "Editorial Introduction: Community and Identity in the New Chinese Migration Order," *Population, Space and Place, 13* (2007):82.

Garey Anita, *Weaving Work and Motherhood* (Philadelphia: Temple University Press, 1999).

Gershon Shafir, "Introduction: The Evolving Tradition of Citizenship," in Gershon Shafir (ed.), *The Citizenship Debates: A Reader* (Minneapolis and London: University of Minnesota Press, 1998), pp. 1–28.

Grace Chang, *Disposable Domestic: Immigrant Women Workers in the Global Economy* (Cambridge, MA: South End, 2000).

Hammar Tomas, *Democracy and the Nation-state: Aliens, Denizens and Citizenship in a World of International Migration* (Aldershot, U.K.: Avebury, 1990).

Hays, *The Cultural Contradictions of Motherland*; Cameron L. Macdonald "Manufacturing Motherhood: The Shadow Work of Nannies and Au Pairs," *Qualitative Sociology 21* (1) (1998): 25–53.

James Clifford, "Diasporas," *Cultural Anthropology 9*(3) (1994): 302–228.

James F. Hollifield, "Migration and International Relations: The Liberal Paradox," in Han Entzinger, Macro Martiniello, and Catherine Wihtol de Wenden (eds.), *Migration between Markets and States* (Burlington VT: Ashgate, 2004), pp. 3–18.

James F. Hollifield, "The Emerging Migration State," *International Migration Review, 38* (3) (2004): 885–912.

J.A. Yong, "Immigration Top Concern: Amy Khor." *The Straits Times*, 2 September 2010.

Jeanne Batalova and Micahel Fix with Peter A. Creticos, *Uneven Progress: The Employment Pathways of Skilled Immigrants in the United States* (Washington, DC: Migration Policy Institute, 2008).

Jean Lave, Paul Duguid, Nadine Fernandez, and Erik Axel, "Coming of Age in Birmingham: Cultural Studies and Conceptions of Subjectivity," *Annual Reviews of Anthropology 21* (1992): 257–281.

Jeremy Au Yong, "Immigration Top Concern: Amy Khor," *The Straits Times*, 2 September 2010.

John R. Logan, Brian J. Stults, and Reynolds Farley, "Segregation of Minorities in the Metropolis: Two Decades of Change," *Demography, 41*(1)(2004): 1–22.

Karen Christopher, "Extensive Mothering: Employed Mother's Constructions of the Good Mother," *Gender & Society 26* (1) (February 2012): 73–96.

Karen Fog Olwig, "Cultural Sites: Sustaining a Home in a Deterritorialized World," in Karen Olwig and Kristen Hastrup (eds.), *Siting Culture: The Shifting Anthropological Object* (London: Routledge, 1997), pp. 17–38.

Laurent Malvezin, "The Problems with (Chinese) Diaspora: An Interview with Wang Gungwu" in Gregor Benton and Hong Liu (eds.), *Diasporic Chinese Ventures: The Life and Work of Wang Gungwu* (London & New York: RoutledgeCurzon, 2004), pp. 49–60.

Leo Douw, "The Chinese Sojourner Discourse" in Leo Douw, Cen Huang, and Michale R. Godley (eds.), Qiaoxiang *Ties: Interdisciplinary Approaches to 'Cultural Capitalism' in South China* (London and New York: Keagan Paul International, 1999), pp. 22–44.

Leonard Lim and Lin Zhaowei, "Local Unis Say Students Pull Standards," *The Straits Times*, 16 August 2011.

Leslie Sklair, *The Transnational Capitalist Class* (Oxford: Blackwell, 2001).

Lisa Lowe, "Heterogeneity, Hybridity, Multiplicity: Marking Asian American Differences," in Jana Evans Braziel and Anita Mannur (eds.), *Theorizing Diaspora: A Reader* (Malden, Oxford: Blackwell, 2003), pp. 132–159.

Liu Hong, "Immigrant Transnational Entrepreneurship and Its Linkages with the State/Network: Sino-Singaporean Experience in a Comparative Perspective," in Raymond Sin-Kwok Wong (ed.), *Chinese Entrepreneurship in the Era of Globalization* (London: Routledge, 2008), pp. 117–149.

Liu Hong, "New Migrants and the Revival of Overseas Chinese Nationalism," *Journal of Contemporary China 14*(43) (May 2005): 291–316.

Liu Hong, "Transnational Chinese Sphere in Singapore: Dynamics, Transformations and Characteristics," *Journal of Current Chinese Affairs 41*(2) (2012): 37–60.

Ma Yingyi, *Ambitious and Anxious: How Chinese College Students Succeed and Struggle in American Higher Education.* New York and Chichester, UK: Columbia University Press, 2020.

Madeleine Sumption, *Tackling Brain Waste: Strategies to Improve the Recognition of Immigrants' Foreign Qualifications* (Washington, DC: Migration Policy Institute, 2013), p. 1.

Martin N. Marger, "Transnationalism or Assimilation? Patterns of Sociopolitical Adaptation among Canadian Business Immigrants," *Ethnic and Racial Studies* 29(5) (September 2006): 882–900.

Mary C. Waters, "Ethnic and Racial Identities of Second-Generation Black Immigrants in New York City," *International Migration Review 28* (1994): 795–820.

Michael Banton, "Progress in Ethnic and Racial Studies," *Ethnic and Racial Studies, 24*(2) (2001), pp. 185–187.

Michael Peter Smith and Luis Eduardo Guanizo (eds.), *Transnationalism from Below* (New Brunswick: Transaction Publishers, 1998).

Milton Gordon, *Assimilation in American Life* (New York: Oxford University Press, 1963).

Min Zhou and Yang Sao Xiong, "The Multifaceted American Experiences of the Children of Asian Immigrants: Lessons for Segmented Assimilation," *Ethnic and Racial Studies 28*(6) (November 2005): 1123.

Min Zhou and Yang Sao Xiong, "The Multifaceted American Experiences of the Children of Asian Immigrants: Lessons for Segmented assimilation." *Ethnic and Racial Studies 28* (6) (November 2005): 1119–1152.

Min Zhou, "'Parachute Kids' in Southern California: The Educational Experiences of Chinese Children in Transnational families," *Educational Policy 12* (6) (1998):682–704.

Monica W. Varsanyi, "Rescaling the 'Alien,' Rescaling Personhood: Neoliberalism, Immigration, and the State," *Annals of the Association of American Geographers, 98*(4) (2008): 882 (877–896).

Nirmala Srirekam Puru Shotam, *Negotiating Language, Constructing Race: Disciplining Difference in Singapore* (Berlin and New York; Mouton de Gruyter, 1998).

Norman Vasu, "Governance through Difference in Singapore," *Asian Survey, 52*(4) (July/August 2012):749.

Nicholas Van Hear, *New Diasporas: The Mass Exodus, Dispersal and Regrouping of Migrant Communities* (London: University College London Press, 1998).

Nina Glick Schiller, Linda Basch, and C. Blanc Szanton, "Towards a Transnational Perspective on Migrants: Race, Class, Ethnicity, and Nationalism Reconsidered," *Annals of the New York Academy of Sciences 645* (1992): 125 143.

Noleen Heyzer and Vivienne Wee "Domestic Workers in Transient Overseas Employment: Who Benefits, Who Profits?" in Noleen Heyzer, Geertje Lycklama a Jijehoolt, and Nedra Weerakoon (eds.), *The Trade in Domestic Workers: Causes, Mechanism and Consequences of International Migration*, edited by Noeleen Heyzer, Geertje Lycklama a Jijehoolt, and Nedra Weerakoon. (Kuala Lumpur: Asian and Pacific Development Center, 1994).

Ori Avishai, "Managing the Lactating Body: The Breast-feeding Project and Privileged Motherhood." *Qualitative Sociology 30* (2007): 135–152.

Paul Brodwin, "Marginality and Subjectivity in the Haitian Diapsora," *Anthropological Quarterly, 76* (3) (Summer, 2003), p. 406.

Pei-Chia Lan, "Maid or Madam? Filipina Migrant Workers and the Continuity of Domestic Labor." *Gender & Society 17* (2) (April 2003): 187–208.

Peter Kivisto, "Theorizing Transnational Immigration: A Critical Review of Current Efforts," *Ethnic and Racial Studies 24*(4)(July 2001): 549–577.

Pierre Bourdieu and Loic Wacquant, *An Invitation to Reflexive Sociology* (Chicago: University of Chicago Press, 1992).

Pierrette Hondagneu-Sotelo and Ernestine Avila, "'I Am Here, but I Am There': The Meanings of Latina Transnational Motherhood." *Gender & Society 11* (5) (1997): 548–571.

Pnina Werbner, "Mothers and Daughters in Historical Perspective: Home, Identity and Double consciousness in British Pakistanis' Migration and Return." *Journal of Historical Sociology 26* (1) (March 2013): 41–61.

Rachel Chang and Cheryl Ong, "Most Welcome Foreigners but Want Slowdown," *The Straits Times*, 2 June 2012.

Rachel Salazar Pareñas, Rhacel, *Servants of Globalization: Women, Migration and Domestic Work* (Stanford, CA: Stanford University Press, 2001).

Rachel Salazar Pareñas "Migrant Filipina Domestic Workers and the International Division of Reproductive Labor." *Gender & Society 14* (4) (2000): 560–80.

Rarniro Martinez and Abel Valenzuela, *Immigration and Crime: Race, Ethnicity, and Violence* (New York: New York University Press, 2006).

Richard D. Alba and Victor Nee, *Remaking American Mainstream: Assimilation and Contemporary Immigration* (Cambridge, MA: Harvard University Press, 2003).

Robin Chee Ming Feng, "Malaysian Chinese in Singapore: Seeking Identity and Searching for a 'Diasporic Space'," presented in the Graduate Workshop for Migration Research, organized by Geography graduate students of the National University of Singapore, National University of Singapore, Singapore, 27–28 September 2007.

Robin Cohen, *Global Diasporas: An Introduction* (London: University College London Press, 1997).

Samuel P. Hungtington, *Who Are we? The Challenges to America's National Identity* (New York: Simon and Schuster, 2004).

Sandra Davie "Foreign Students in Singapore a Class Apart." *The Straits Times* (Singapore), 3 December 2005.

Sharon Hays *The Cultural Contradictions of Motherland* (New Haven, CT: Yale University Press, 1996), p. 115.

Shirlena Huang and Brenda S.A. Yeoh, "Transnational Families and Their Children's Education: China's 'Study Mothers' in Singapore." *Global Networks 5* (4) (2005): 379–400.

Shu-Ju Ada Cheng, "Rethinking the Globalization of Domestic Service: Foreign Domestics, State Control, and the Politics of Identity in Taiwan." *Gender & Society 17* (2) (April 2003): 166–186.

Shu-Ju Ada Cheng, "When the Personal Meets the Global at Home: Filipina Domestics and Their Employers in Taiwan." *Frontiers: A Journal of Women Studies 25* (2) (2004): 32–33.

Sin Yee Koh, "The Sceptical Citizen, The Mobile Citizen, and the Converted National: Chinese-Malaysians in Singapore Negotiating 'Skilled Diasporic Citizenship," presented at the International RC21 Conference 2011 on "The Struggle to Belong: Dealing with Diversity in 21st Century Urban Setting," in Amsterdam, 7–9 July 2011.

Singapore Immigration and Checkpoints Authority website. "Female Visitor Whose Child/grandchild Is Studying in Singapore on a Student's Pass." http://www.ica.gov.sg/page.aspx?pageid=174 (accessed: 18 June 2014).

Stephen Castles and Alastair Davidson, *Citizenship and Migration: Globalization and the Politics of Belonging* (New York: Routledge, 2000).

Stephen M.Y. Leong, "Sources, Agencies and Manifestations of Overseas Chinese Nationalism in Malaya, 1937–1941." PhD dissertation. Los Angeles: University of California, 1976.

Steve Fenton, *Ethnicity: Racism, Class and Culture* (London: Macmillan, 1999), p. 63.

Stuart Hall, "Minimal Selves," in L. Appignanesi (ed.), *Identity: The Real Me, Post-modernism and the Question of Identity* (London: ICA Documents 6, 1987), p. 44.

Susan J. Douglas and Meredith W. Michaels, *The Mommy Myth*. New York: Free Press (2004).

Terry Arendell "Conceiving and Investigating Mothering: The Decade's Scholarship," *Journal of Marriage and the Family 64* (4) (2000): 1192–1207.

Thanh-Dam Thruong, "International Migration and Social Reproduction: Implications for Theory, Policy, Research and Networking." *Asian and Pacific Migration Journal 5* (1) (1996): 27–52.

Theodora Lam and Brenda S.A. Yeoh, "Negotiating 'Home' and 'National Identity;" Chinese-Malaysian Transmigrants in Singapore," *Asia Pacific Viewpoint 45*(42) (2004): 141–164.

The Shi Ning, "New Set of Measurements for White-collar Foreigner," *The Business Times*, 17 August 2011.

T.H. Marshall, Class, *Citizenship and Social Development: Essays*, with an introduction by Seymour Martin Lipset (Garden City, N.Y.: Doubleday, 1964).

Tracy Quek, "China Whiz Kids: S'pore Feels the Heat," *Straits Times* (Singapore), 13 February 2005.

Tracy Sua and Deng Fern, "Who Owes Them a Living?" *The Straits Times,* 9 July 2006.

Victor Nee and Jimmy Sanders, "Understanding the Diversity of Immigrant Incorporation: A Form of Capital Model," *Ethnic and Racial Studies 24*(3) (2001): 386–411.

Wang Gungwu, "A Single Chinese Diaspora?" in Gregor Benton and Hong Liu (eds.), *Diasporic Chinese Ventures: The Life and Work of Wang Gungwu* (London and New York: RoutledgeCurzon, 2004), pp. 157–177.

Wang Gungwu, "New Migrants: How New? Why New?" in Gregor Benton and Hong Liu (eds.), *Diasporic Chinese Ventures: The Life and Work of Wang Gungwu* (London and New York: RoutledgeCurzon, 2004), pp. 227–238.

Wang Gungwu, "Patterns of Chinese Migration in Historical Perspective," in *China and the Chinese Overseas* (Singapore: Times Academic Press, 1992), pp. 3–21.

Wang Gungwu, "Sojourning: The Chinese Experience" in Wang Gungwu, *Don't Leave Home: Migration and the Chinese* (Singapore: Times Academic Press, 2001), pp. 54–72.

Wang Gungwu, "Sojourning: the Chinese Experience." *Don't Leave Home: Migration and the Chinese* (Singapore: Times Academic Press, 2001), pp. 54–21.

Wang Gungwu, "The Origin of Hua-ch'iao," in *Community and Nation: China, Southeast Asia and Australia* (St Leonards, NSW: Asian Studies Association of Australia in association with Allen & Unwin, 1992), pp. 1–10.

Wsevolod Isajiw, *Definitions of Ethnicity* (Occassional Papers in Ethnic and Immigration Studies) (Toronto: The Multicultural History Society of Ontario, 1979), p. 25.

Yang Peidong, "Understanding Youth Educational Mobilities in Asia: A Comparison of Chinese 'Foreign Talent' Students in Singapore and Indian MBBS Students in China," *Journal of Intercultural Studies*, *39*(6) (2018): 722–738.

Yang Peidong, "Understanding 'Integration': Chinese 'Foreign Talent' Students in Singapore Talking about *Rongru*," *Transitions: Journal of Transient Migration*, *1*(1) (2017): 29–45.

Yen Ching-Hwang, *A Social history of the Chinese in Singapore and Malaya, 1800–1911* (Singapore: Oxford University Press, 1986).

Yen Ching-Hwang, "Overseas Chinese Nationalism in Singapore and Malaya 1877–1912," *Modern Asian Studies 16* (3)(1982): 397–425.

Yow Chen Hoe, "Capital Accumulation along Migratory Trajectories: China Students in Singapore's Secondary Education Sector," in Ho Khai Leong (ed.), *Connecting and Distancing: Southeast Asia and China* (Singapore: Singapore Society of Asian Studies and Institute of Southeast Asia, 2009), pp. 137–152.

Yow Cheun Hoe, "More or Less Distinctive? Chinese New Migrants in Singapore," presented at Africa Regional Conference of International Society for the Study of Chinese Overseas on "Diversity in Diaspora: The Chinese Overseas," in South Africa organized by the Department of Historical and Heritage Studies, University of Pretoria, 4–6 December 2006.

Yow Cheun Hoe, "Weakening Ties with the Ancestral Homeland in China: The Case Studies of Contemporary Singapore and Malaysian Chinese," *Modern Asian Studies*, *39*, Part 3 (2005): 559–597.

Yu-Jin Jeong, Hyun-Kyung You, and Young In Kwon, "One Family in Two Countries: Mothers in Korean Transnational Families." *Ethnic and Racial Studies 37*(9) (2014):1546–1564.

中文參考文獻

〈1993年–2003年改變新加坡人的十件事〉，《聯合早報》（新加坡），2003年8月11日。

〈我國過去10年人口增長速度50年來最慢〉，《聯合早報》，2021年6月16日，見https://www.zaobao.com/realtime/singapore/story20210616-1156735。

〈英語取代華語 成新加坡人在家中最常說的語言〉，《聯合早報》，2021年6月17日，見 www.zaobao.com/realtime/singapore/story20210616-1156738。

〈新加坡爭攬中國學生〉，《文匯報》（香港），2005年9月5日。

〈新加坡人口普查：人口增速放緩 華裔佔居民人口74.3%〉，《中國新聞網》，2021年6月17日，見 www.chinanews.com/hr/2021/06-17/9501329.shtml。

〈新加坡2020人口普查報告，留學生比例呈明顯上升趨勢〉，《每日頭條》，2021年6月18日，見 https://kknews.cc/education/v54z3p4.html。

〈新加坡2020人口普查數據最新解讀：留學生赴新意願加強〉，《騰訊網》，2021年6月21日，見 https://new.qq.com/omn/20210621/20210621A0216800.html。

九丹：《烏鴉》（武漢：長江文藝出版社，2001）。

九龍會網址：http://www.kowloonclub.org.sg/about_us.html（瀏覽：2018年3月18日）。

王茹華：〈如「烏鴉」般悲哀——評九丹《烏鴉》中的人格面具和真我〉，《當代文壇》（2002年第3期）：65–67。

朱崇科：〈民族身體的跨國置換及身份歸屬偏執的曖昧〉，《中外文化與文論》（2008第2期）：224–235。

江迅：〈文學奧運領軍人物，哈金寫出文化中國〉，《亞洲周刊》，2008年7月20日，頁25。

江蘇匯網址：http://jiangsu.org.sg （瀏覽：2018年3月18日）。

何華：〈上海驛站〉，《因見秋風起》（新加坡：創意圈工作室，2004），頁12。

吳前進：〈1990年以來中國－新加坡民間關係的發展：以中國新移民與當地華人社會的互動為例〉，《社會科學》（2006年第10期）：第83–291頁。

吳華：《新加坡華族會館志》三冊（新加坡：南洋學會，1975–1977）。

周敏、劉宏：〈海外華人跨國主義實踐的模式及其差异：基於美國與新加坡的比較分析〉，《華僑華人歷史研究》，2013年3月第1期，頁1–19。

林孝勝：〈神權、紳權、幫權：幫權結構與幫權結構〉，柯木林主編《新加坡華人通史》（新加坡：新加坡宗鄉會館聯合總會，2015），頁79–92。

宣軒：《逛逛東半球》（新加坡：玲子傳媒，2007）。

馬明艷：〈網絡時代的文學及女性話語權力——兼評九丹的《烏鴉》〉，《內蒙古師範大學學報》（哲學社會科學版）第31卷、第6期（2002年12月）：92–94。

高極登：〈老會館的新起點〉，《聯合早報》，2011年2月19日。

陳向明：《旅居者和「外國人」：留美中國學生跨文化人機交往研究》（湖南教育出版社：1998）。

陳能端：〈週末慶祝成立12周年天府會首辦名人講座〉，《聯合早報》，2011年7月11日。

陸方思、蕭偉基：《他們改變了新加坡，也改變了中國》，《亞洲周刊》，2004年4月25日，第14–18頁。

喜蛋：《百合：中國母親在新加坡的情緣》（新加坡：創意圈出版社，2005）。

曾玲：《越洋再建家園：新加坡華人社會文化研究》（南昌：江西高校出版社，2003）。

游俊豪：〈文化互動的可能性：新移民與新加坡〉，載《華僑與華人》2008年12月第2期，第19–21頁。

游俊豪：〈經濟結構的社會性：中國新移民在新加坡〉, *CHC Bulletin*, Issue 13 & 14 (Singapore: Chinese Heritage Centre, May and November 2009), p. 12.

程希：《當代中國留學生研究》（香港：香港社會科學出版社，2003）。

華新社團網址：http://huasing.org/news.php?id=150 （瀏覽：2018年3月22日）。

華源會網址：http://huayuanassociation.com/about/（瀏覽：2018年3月15日）。

新加坡2020年人口調查，參閱官方網站：https://www.singstat.gov.sg/publications/reference/cop2020/cop2020-sr1 （瀏覽：2021年10月11日）

新加坡天府會網址：http://www.tianfu.org.sg/（瀏覽：2018年3月16日）。

新加坡天津會網址：http://www.innocorp.sg/tianjinhui/（瀏覽：2018年3月19日）。

新加坡北京大學校友會網址：http://pkuaas.org/wp/（瀏覽：2018年3月19日）。

新加坡晉商商會網址：https://www.jinshang.org.sg/新加坡晉商商會官方網站/關於我們/（瀏覽：2018年3月22日）。

新加坡陝西同鄉會網址：http://sanqinhui.org/（瀏覽：2018年3月19日）。

新加坡清華大學校友會網址：https://www.tsinghua.org.sg（瀏覽：2018年3月19日）。

新加坡貴州同鄉會網址：http://www.guizhou.org.sg（瀏覽：2018年3月22日）。

新加坡齊魯會臉書：https://www.facebook.com/groups/shandongassociation/about/（瀏覽：2018年4月3日）。

新移民與新加坡人聯辦龍岩同鄉會，瑞投詻網網址：http://immigrant.65singapore.com/ymsh/23570.html（瀏覽：2018年3月20日）。

管興平〈頹廢、偷窺、欲望-棉棉《糖》、九丹《烏鴉》、衛慧《我的禪》評析〉，《沙洋示範高等專科學校學報》（2006年第3期）：39–42。

憫舟：《陪讀媽媽》（新加坡：玲子傳媒，2003）。

潘星華：〈我國的中小學中國學生超過萬名〉，《聯合早報》（新加坡），2000年9月30日。

鄭文輝：《新加坡從開埠到建構》（新加坡：教育出版社，1977）。

蕭蕭：《路在何方：陪讀媽媽的真實故事》（新加坡：玲子傳媒，2004）。

東亞焦點叢書

已經出版

蔡英文兩岸政策的
心路歷程

印尼產業的政治經濟學
資源研究

老撾的地緣政治學
繼從還是遊離?

南海之爭的多元視角

馬來西亞民主轉型
族群與宗教之間

澳門文化遺產保護
公民參與的策略

轉型中的
東亞福利體制

十字路口上的東亞區域整合
競爭還是合作?

大湄公河次區域地緣經濟角力
衝突與調和